Le guide de L'HOMME STYLÉ...

même en tongs

LE GUIDE DE L'HOMME STYLÉ... MÊME EN TONGS
est édité par PYRAMYD NTCV
www.pyramyd-editions.com

Direction éditoriale : Céline Remechido
Suivi éditorial : Christelle Doyelle
Correction : Maud Foutieau
Conception graphique du livre : Carla Pieretti
Illustrations des pages jeux : Jérémy Vitté
Conception graphique de la couverture : PYRAMYD NTCV
Photographies de couverture : Chloé Gassian

ISBN : 978-2-35017-319-1
Dépôt légal : 1er semestre 2014

Imprimé en France par Deux-Ponts

Le guide de L'HOMME STYLÉ... même en tongs

GEOFFREY BRUYÈRE & BENOIT WOJTENKA

PYRAMYD

SOMMAIRE

3 | LES ESSENTIELS DE LA GARDE-ROBE ESTIVALE

4 | ALLER PLUS LOIN SUR LE CHEMIN DU STYLE ESTIVAL

PRÉFACE

Depuis la création de Marchand Drapier, j'ai eu l'occasion à chaque saison d'être interviewé par un grand nombre de journalistes et de blogeurs de mode. Et malgré cela, je me souviens exactement de ma première rencontre avec Benoit au Tranoï en janvier 2011, et avec Geoffrey, un an plus tard dans mon atelier. Dans les deux cas, j'ai été marqué par leur approche rationnelle de la mode masculine, leur soif d'apprendre et la justesse de leur récit.

Quand Benoit et Geoffrey m'ont demandé de collaborer à leur *Guide de l'homme stylé... même en tongs*, je n'ai pas hésité une seule seconde. J'ai commencé à me demander ce qu'était un homme stylé et j'ai pris conscience que j'avais la chance de vivre mon style comme une évidence. En effet, par mes origines familiales, j'ai toujours baigné dans l'univers du textile, de la mode et du style, cet apprentissage ayant été influencé par un père hyper élégant.

Au fur et à mesure de mes échanges avec les BonneGueule, j'ai pu voir que Benoit et Geoffrey avaient chacun un style bien à eux, et que ces styles étaient complémentaires. En lisant leur blog et en étudiant les conseils experts qu'ils donnent à leurs lecteurs, j'ai réalisé qu'ils répondaient à de réels besoins.

Il n'y a pas un style, mais des styles, et avant de les appréhender et de se les approprier, il faut en connaître les codes. Telle est la mission que se sont donnée Benoit et Geoffrey dans ce guide.

Grâce à leur plume pertinente, précise et ludique, vous allez en savoir plus sur la mode estivale. À travers leurs commentaires et des interviews en terrasse d'hommes stylés, vous allez comprendre comment éviter les "fashion faux pas". Enfin, via une multitude de conseils, vous saurez comment avoir cet été une bonne gueule en toutes occasions.

Pour conclure, je vous conseille, durant la lecture de cet ouvrage, d'apprendre à bien vous connaître afin de trouver, à travers les recommandations du guide, le style qui vous est propre et qui exprime le mieux votre personnalité.

Je vous suggère à présent de vous installer confortablement, un bon verre à la main, et de commencer à savourer la lecture de ce livre.

PS : N'oubliez pas la crème solaire...

Benoit Carpentier

INTRODUCTION

Pourquoi un *Guide de l'homme stylé...* spécial été ? Parce qu'en fait, quand on parle de vêtements en été, les choses sont un peu différentes...

Pas de veste épaisse, pas de manteau ou de caban, pas de chaussures habillées : on pourrait penser que le style estival se limite à des pièces légères et décontractées, et on a vite fait de croire qu'il s'agit d'un style superficiel, parent pauvre de celui de l'hiver.

Mais il n'en est rien et le style estival est intéressant, car il va vous pousser à explorer d'autres facettes de votre image : celles de la décontraction et de la spontanéité. C'est un lâcher-prise vestimentaire salvateur, surtout si vous avez passé l'hiver dans un costume strict. Alors certes, cela demande d'être plus créatif et d'oser plus de couleurs, mais nous vous assurons que vous aurez beaucoup de plaisir à porter des matières légères, colorées et confortables.

Sans compter que les vêtements d'été ont ceci d'agréable qu'ils sont porteurs de puissants symboles. Ce sont des vêtements que vous ne mettez que quand le soleil est bien présent et que vous êtes détendu. C'est sûrement le cas, par exemple, de votre bonne paire d'espadrilles. Il y a un vrai plaisir à sortir son chino d'été, celui avec lequel on a vécu tant d'aventures de vacances ! On ne peut pas en dire autant des vêtements que l'on porte tous les jours pour aller travailler. Les vêtements d'été ont donc une dimension "plaisir" toute particulière, que nous allons découvrir tout au long de ce guide.

Il y a tant de pistes à explorer à cette saison qu'il serait bien dommage de se contenter d'un simple tee-shirt blanc et d'un short de sport pour partir à la découverte d'une nouvelle ville.

Vous apprendrez grâce à cet ouvrage à être toujours stylé, que cela soit sur la plage, lors d'un barbecue avec vos amis ou dans un restaurant romantique en bord de mer. Nous verrons quelles pièces choisir, quelles matières et quelles couleurs. Dans ce guide, vous rencontrerez aussi quatre créateurs ou passionnés qui vous parleront de leurs vacances et de leur style. Nous évoquerons également des sujets parallèles à la mode, mais arrêtons-nous là, nous ne voulons pas vous gâcher le plaisir de la découverte...

Nous vous souhaitons avant tout de bien profiter de vos vacances. Et n'oubliez pas, c'est encore mieux quand vous êtes stylé et mal rasé !

L'équipe BonneGueule.fr

LE B.A.-BA ESTIVAL DE LA MODE MASCULINE

MAGAZINE CULTUREL ITINÉRANT
#14
MUSIQUE
MODE
ART
ADRESSES
FUN FACTS
#13
MAGAZINE CULTUREL ITINÉRANT
MELINDA GLOSS

Chapitre 1

LES IDÉES REÇUES QUI NE PASSERONT PAS L'ÉTÉ

"IL EST PLUS FACILE DE S'HABILLER EN ÉTÉ"

Malgré l'apparente nonchalance de la saison, trouver son style en été est souvent plus compliqué qu'en hiver. Cela s'explique parce qu'à cette saison, on doit se passer des beaux vêtements qui participent au style hivernal : un manteau bien coupé, un jean selvedge, une belle veste masculine ou une pièce en grosse maille.

S'habiller en été, c'est s'habiller selon un contexte plus exigeant. Exit les multicouches de vêtements, place à de la vraie matière qui respire et à plus de créativité pour pallier la diminution des options de la garde-robe.

N'OUBLIEZ PAS QU'UNE DÉCONTRACTION PARFAITEMENT ADAPTÉE AU CONTEXTE ESTIVAL EST FINALEMENT TRÈS CHIC.

"UN HOMME EN TONGS NE PEUT PAS ÊTRE STYLÉ"

Porter des tongs ne veut pas forcément dire avoir un style négligé. Alors certes, vous ne pourrez peut-être pas aller à un mariage avec, mais pour peu que vous ayez un chino d'une belle couleur, une chemise bien portée et des accessoires judicieusement choisis, vous serez bien plus stylé qu'un homme transpirant dans un jean selvedge et de grosses bottines. Car être stylé, c'est finalement avoir une tenue adaptée au contexte.

"EN ÉTÉ, IL FAUT ÊTRE CHIC EN TOUTES CIRCONSTANCES"

Impossible d'aller à la plage en costume ! C'est à ce moment-là que vous devez dégainer une bonne paire d'espadrilles ou de tongs en cuir par exemple. En effet, comme ce sont des pièces parfaitement adaptées à la saison, votre look n'en sera que plus réussi. En été, vous avez droit aux tee-shirts, aux chemises plus largement ouvertes que d'habitude, aux chinos retroussés... N'oubliez pas qu'une décontraction parfaitement adaptée au contexte estival est finalement très chic.

"UNE TENUE BLANCHE, C'EST LE COMBLE DU CHIC ESTIVAL !"

On a tendance à penser qu'une tenue estivale doit être entièrement blanche. C'est loin d'être le cas, car les tenues monochromes ne sont jamais une bonne chose (avez-vous envie que votre image soit résumée à une seule couleur ?). Par ailleurs, ne porter que du blanc est très contraignant, car c'est évidemment trop salissant. Et puis n'oubliez pas, un tee-shirt mal coupé, d'un blanc aussi immaculé soit-il, reste une aberration pour votre silhouette.

4 CONSEILS — *À appliquer l'été*

1

S'habiller décontracté ne veut pas dire revoir ses exigences à la baisse ! Restez tout autant intransigeant sur les coupes de vos vêtements.

2

Les soldes d'été tombent juste avant les grandes vacances : vous ne pouvez pas rêver mieux pour trouver de belles tenues pour vos congés.

3

Même si nous sommes partisans de garder du style en été, cela n'est pas une raison pour emporter trois valises pleines à craquer. Voyagez léger, vous serez plus tranquille, et vous passerez plus de temps à profiter de vos vacances qu'à réfléchir à votre tenue.

4

Ayez toujours une paire de chaussures très confortable pour une partie de foot improvisée, un paintball ou une petite randonnée.

"EN ÉTÉ, CELA NE SERT À RIEN DE FAIRE DES EFFORTS, ON EST EN VACANCES !"

Après avoir fait les boutiques, après avoir appris à choisir les bons vêtements et à mettre en valeur votre silhouette, après avoir été fier de votre image, pourquoi tout arrêter en été ? Ne sombrez pas dans la tentation de n'emporter que des tee-shirts de sport en vous disant que "cela fera l'affaire" ! En vacances, vous allez vivre de beaux moments, et parfois de belles rencontres. Autant que ce soit dans une tenue parfaitement adaptée, non ?

En été, il est très facile de porter des pantalons colorés avec des couleurs plus neutres, comme ici, des tons de gris.

Chapitre 2

LES RÈGLES DU JEU DU STYLE ESTIVAL

CE QU'IL NE FAUT PAS METTRE...

L'été, nous croisons beaucoup trop d'hommes qui mettent des trucs informes "pour éviter d'avoir chaud". Peut-être faites-vous certaines de ces erreurs, auquel cas, il va falloir perdre vos mauvaises habitudes.

Évitez de façon générale :

- les pantalons trop grands pour vous
- les shorts pas assez structurés
- les chemisettes mal choisies (ce vêtement est véritablement déconseillé, sauf pour les chemisettes style explorateur, dans des tons crème, terre ou kaki, et avec des poches symétriques)
- les vêtements qui se froissent trop ou les vêtements, certes respirants, mais conçus pour le sport
- les jeans en grosse toile selvedge (on les adore le reste du temps, mais en été, c'est une torture)
- les bottines en cuir et les sneakers montantes.

ASTUCE

Choisies fines et courtes, les chaussettes absorberont l'humidité et réguleront la température à l'intérieur de vos chaussures basses.

LES MATIÈRES À PORTER

Transpirer, ce n'est pas vraiment stylé. Alors pour commencer, évitez les fibres synthétiques. Elles sont acceptables le reste du temps (quand elles sont de qualité), mais en été, rares sont celles qui vous garderont au frais. Privilégiez les matières végétales comme le coton, le bambou, le chanvre ou le lin, en choisissant des tissus surtout pas trop resserrés, comme les voiles de coton par exemple.

Si vous optez pour le lin, évitez de prendre des vêtements en lin pur. En effet, le lin prend beaucoup les plis (en plus d'être plutôt fragile). Sachez également que ce type de tissu se gorge facilement d'eau en milieu humide et qu'il perd alors toutes ses propriétés respirantes. Préférez-lui donc des matières mélangées : lin-coton ou lin-bambou pour les plus courantes.

Enfin, sachez que la laine est tout à fait acceptable. Nous ne sommes pas en train de vous dire de ressortir vos pull-overs ! Simplement, une bonne laine est un excellent thermorégulateur (elle évacue bien la transpiration et la chaleur), pour peu que son tissage ne soit pas trop serré et épais (sinon, c'est la syncope assurée). Pour rappel, la finesse du tissage, c'est le fameux Super ### que vous trouvez parfois sur les étiquettes des costumes. En été, on ira donc pêcher du côté du Super 100 (et si possible sans padding aux épaules). N'oubliez pas : contrairement à certains cotons qui peuvent être lourds et dont les tissages sont très serrés, la laine peut tout à fait allier légèreté et finesse, ce qui est très intéressant en période estivale.

LE CONTRASTE

Plus que jamais, le contraste de style est d'actualité l'été. La devise : "Pour une pièce sobre portée, je porte une pièce forte ou très décontractée." Par exemple : chino sobre avec de belles sneakers, ou simples tongs et bermuda portés avec une chemise blanche, mais avec un bouton défait supplémentaire.

LES BONNES SILHOUETTES

Quand il fait chaud, on se sent mieux dans des vêtements larges. Mais on n'est pas obligé pour autant d'adopter un look hippie ! La bonne solution, c'est le mix entre des vêtements fittés (ajustés) et loose (amples) :

- un pantalon plus ample + un tee-shirt fitté (+ une écharpe légère si vous êtes fin et qu'il faut "remuscler" les épaules)
- un tee-shirt assez drapé, ou au col (un peu) plus profond que d'habitude + un pantalon coupé droit
- un marcel et une chemise Vichy ou Gingham + un chino retroussé aux chevilles.

Et les accessoires feront le reste…

On voit ici très nettement que le pantalon est plus large aux cuisses : cela est plus confortable lors des fortes chaleurs.

ENTRETIEN

01

Pour tout vêtement en laine de type veste, allez au pressing, c'est ce qu'il y a de mieux à faire !

02

Pour les chemises et les mailles en lin, lavez-les à froid, sous peine de les voir rétrécir.
Et surtout, bannissez autant que possible les forts essorages et le sèche-linge, votre chemise en lin n'y survivrait pas…

03

Ne repassez pas le lin à sec, vous risqueriez de le lustrer. Repassez-le quand il est encore humide, cela sera bien plus facile !

La veste en lin bien coupée est le summum de l'élégance estivale, mais elle est compliquée à trouver et pas facile à porter.

Chapitre 3

LES BASIQUES POUR UN ÉTÉ STYLÉ

Pour rappel, les basiques sont les éléments essentiels de votre garde-robe, des vêtements ultra polyvalents et faciles à porter. Cela dit, les basiques ne sont pas les mêmes en été : les pantalons sont plus légers, les grosses mailles restent au placard, tout comme les jeans selvedge et les vestes d'hiver.

La difficulté des basiques en été est que, contrairement aux mailles en cachemire par exemple, vous allez devoir les laver assez souvent, quasiment après une seule journée de port en cas de grosse chaleur. Il faut donc des vêtements qui supporteront sans problème plusieurs lavages. Il y a également une nuance importante à laquelle on ne pense pas forcément : vous pouvez être confronté à une grande variété de situations, bien plus que dans une journée de travail normale. Vous pouvez très bien aller à la plage le matin, faire une randonnée l'après-midi, prendre l'apéro en terrasse avec vos amis vers 18 heures et sortir dans un lieu un peu branché le soir. Cela demande donc d'avoir une tenue adéquate pour chaque moment !

7 BASIQUES — *Au travail*

1. UNE IMMENSE PILE DE CHEMISES BON MARCHÉ ET DE COULEURS CLAIRES
2. UN JEAN GRIS
3. DES CHINOS BEIGE ET BLEU (SI VOUS N'ÊTES PAS TENU AU PORT DU COSTUME)
4. UN BLAZER LÉGER, NON DOUBLÉ, AVEC TRÈS PEU D'ÉPAULETTES
5. DES COSTUMES GRIS CLAIR ET BLEU MARINE
6. UN COSTUME EN LIN (SI VOUS AVEZ LE BUDGET ET QUE VOUS TRAVAILLEZ DANS UN MILIEU PAS TROP FORMEL)
7. UN TRENCH LÉGER

CONSEILS

— S'habiller décontracté ne veut pas dire s'habiller trop grand. Gardez vos bonnes habitudes pour choisir la taille de vos vêtements.

— Évitez les couleurs très sombres, peu adaptées en plein soleil.

— Les tissus légers sont bien évidemment à préférer.

— Attention aux vêtements très ajustés au niveau des aisselles, ils peuvent vite devenir inconfortables.

— Pour les grosses pièces du haut du corps, n'hésitez pas à orienter votre choix sur des pièces sans doublure, plus aérées.

12 BASIQUES
— *En vacances*

1. UN JEAN GRIS
2. UNE PILE DE CHEMISES DÉCONTRACTÉES
3. QUELQUES CHEMISES HABILLÉES
4. DES CHINOS LÉGERS
5. UN PANTALON EN LIN BIEN COUPÉ
6. UNE PILE DE TEE-SHIRTS BASIQUES, AVEC QUELQUES-UNS PLUS TRAVAILLÉS
7. DES SNEAKERS BASSES DE COULEUR CLAIRE
8. UNE PAIRE DE CHAUSSURES TYPE ESPADRILLES / RIVIERA / TONGS
9. UNE PAIRE DE CHAUSSURES HABILLÉE ET LÉGÈRE : MOCASSINS, DESERT BOOTS OU BOTTINES
10. UN SHORT DE BAIN
11. UNE PAIRE DE LUNETTES DE SOLEIL STYLÉE
12. DE LA MAILLE D'ÉTÉ EN COTON

Un tee-shirt chiné en complément de tee-shirts unis.

Une chemise en chambray, très polyvalente pour l'été.

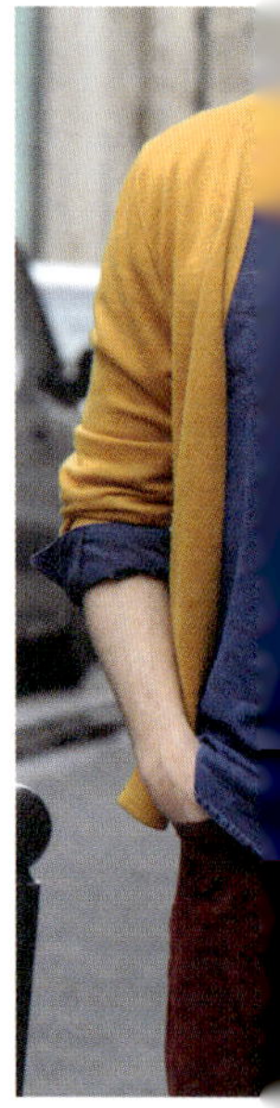
De la maille d'été

Un jean gris, qui absorbe moins la chaleur qu'un jean bleu.

Un chino beige, votre vêtement de base en été.

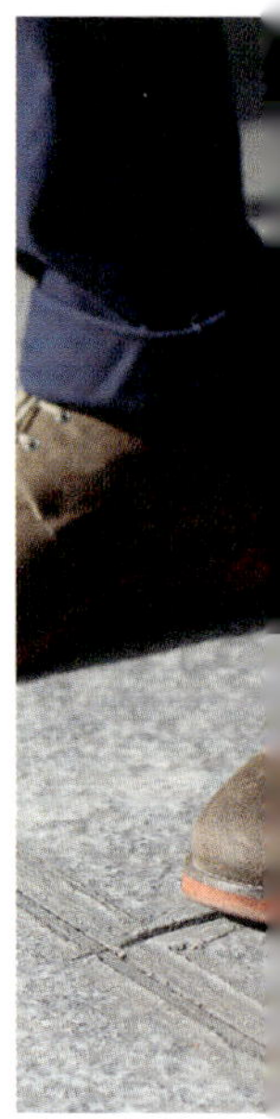
Des chaussures à

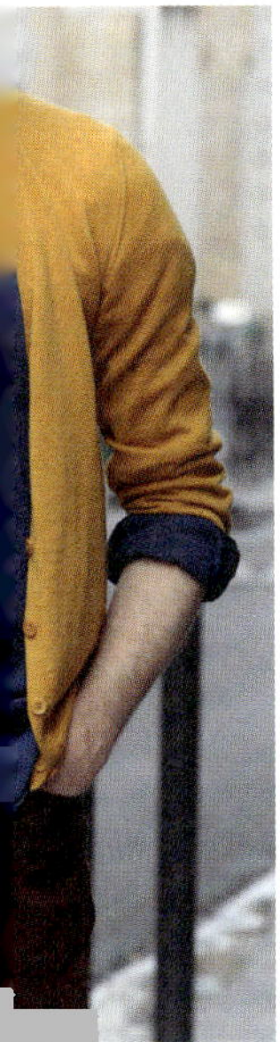

égère et colorée.

Une veste en lin bien cintrée pour une élégance assurée.

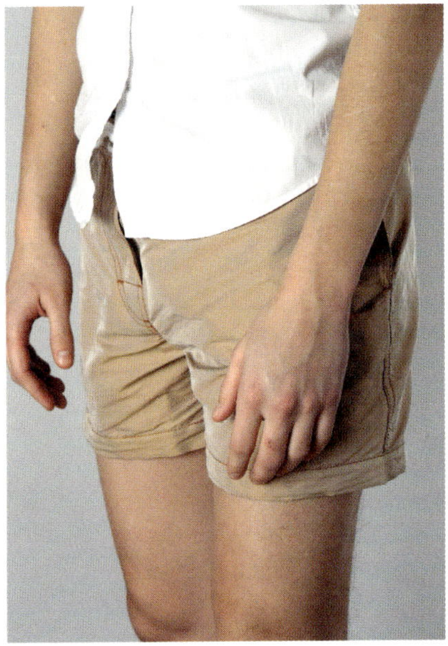

Un short de bain qui sèche plus vite que vous.

ractées et habillées.

Un chino gris qui se portera facilement avec des sneakers.

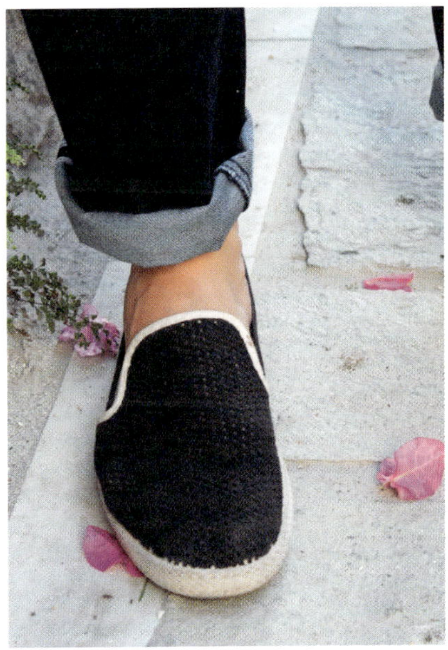

Des chaussures aérées et faciles à enfiler le matin.

UNE SAISON HAUTE EN COULEUR

L'HARMONIE DES COULEURS

En été, tout est plus lumineux, car le soleil éclaire plus franchement et plus longtemps votre environnement. Cela se ressent dans les tenues des uns et des autres, où chacun se décide à porter (enfin) autre chose que du noir.

Étant donné qu'une tenue d'été ne se compose que de deux pièces (pantalon + haut, type tee-shirt ou chemise), vous pouvez sans problème porter trois couleurs (en jouant sur les chaussures). Mais attention, il vaut mieux se limiter à une pièce forte. N'oubliez pas que vous devez toujours encadrer une couleur vive par deux couleurs neutres afin d'obtenir un ensemble équilibré. Cela vous évitera d'avoir une tenue complètement bariolée. Par contre, sur les couleurs neutres, il ne faut pas hésiter à travailler à fond les matières, afin d'apporter de la richesse à la tenue.

Pensez également aux chaussures de couleur claire (beige, sable, gris clair, etc.), car elles permettent d'illuminer subtilement une tenue estivale.

LES COULEURS PASTEL

Très prisées dans les pays scandinaves, les couleurs pastel sont particulièrement présentes en été grâce à leur légèreté et leur côté aérien. Leur pouvoir magique ? Elles calment les couleurs plus pétantes pour mieux les intégrer dans la tenue. Elles permettent de rééquilibrer une tenue en "absorbant" les excès des autres couleurs comme le rouge. En ce sens, elles se substituent parfaitement au gris des tenues hivernales, qui a le même effet.

LES COULEURS VIVES

"L'été, c'est la période de la couleur !" : c'est ce que l'on entend un peu partout. Mettre de la couleur, c'est très bien, mais il faut se garder de faire n'importe quoi. Malheureusement, le sujet de la couleur paraît bien obscur et incompréhensible pour la plupart des hommes. Alors, comment mettre des couleurs plus vives, plus énergiques ?

La manière la plus simple de se frotter aux couleurs vives est de partir sur un chino coloré. Brique, corail, bordeaux, vert d'eau, bleu électrique, bleu turquoise : il y a énormément de choix. Il suffit de porter en haut une chemise bleu clair (mais pensez à vous tourner vers une matière travaillée et casual, comme de l'oxford ou du chambray par exemple) et vous obtenez une tenue équilibrée et colorée. N'hésitez pas non plus à encadrer votre couleur avec un vêtement blanc sur le haut du corps. Il n'y a réellement que deux couleurs vraiment difficiles à porter : le jaune et le rose. Alors n'insistez pas trop avec elles...

En cas de doute sur l'assemblage des couleurs vives, jouez la sécurité et remplacez une des deux par une couleur neutre. Il vaut mieux porter deux coloris sobres pour une couleur vive que l'inverse.

ATTENTION

Les couleurs pastel calment bien les couleurs vives, mais elles peuvent aussi "endormir" un look et le rendre poussiéreux. Le bon réflexe, c'est d'introduire dans la tenue un vêtement plus fort qui redynamise l'ensemble et recrée l'équilibre.

La combinaison de couleur beige-bleu est la base en été. C'est un bon point de départ si vous n'avez pas trop d'idées pour débuter.

Le bleu pastel très doux est la couleur à privilégier pour vos chemises d'été. On peut même l'assortir avec un pantalon kaki.

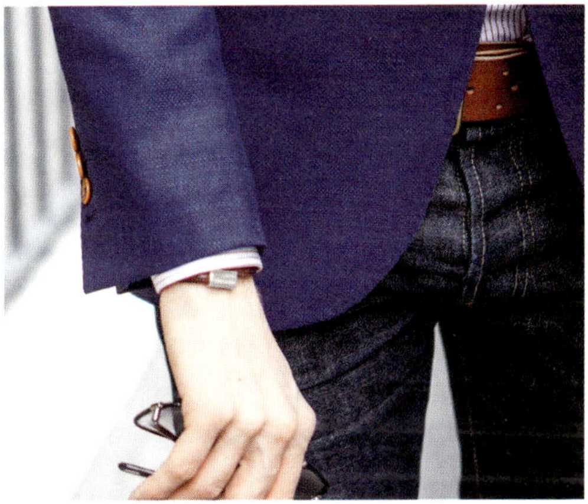

N'ayez pas peur d'avoir des vestes d'été d'un bleu plus soutenu et original : c'est dynamique, tout en restant élégant.

Il est très facile de porter un pantalon coloré, il suffit de l'associer à des chaussures de couleur plus sobre.

QUE LIT UN HOMME STYLÉ À LA PLAGE?

Pour ne pas ensabler votre ordinateur en parcourant des blogs et pour avoir encore de quoi lire une fois cet ouvrage terminé, voici quelques lectures recommandées aux hommes de goût !

Centre Commercial

France

Voici un très beau *mook* (contraction anglo-saxonne de "magazine" et de "book"), que vous aurez volontiers envie de conserver. Cette revue se fixe pour objectif de vous faire voir ce qui est "invisible aux yeux".

Les plus curieux d'entre vous y découvriront un savant mélange de reportages qui vous emmènent aux quatre coins du monde (des fosses de stockage de déchets nucléaires en Finlande jusqu'aux favelas de Rio), d'histoires de familles atypiques (comme celle d'une famille russe qui a vécu en autarcie pendant près de 40 ans) et d'entretiens avec des figures du monde d'aujourd'hui (blogueurs, sociologues, créateurs de marques). Le tout sans aucune publicité.

Le seul défaut de la revue ? Celui d'être presque trop complète pour être lue en voyage. Ce n'est pas tout à fait le genre de lecture où l'on picore de l'info tout en étant interrompu toutes les 5 minutes. Mais c'est là tout son intérêt : du vrai bon contenu.

GQ

France

La version française du célèbre magazine américain est plus légère que *Centre Co* et fortement à l'écoute des tendances.

Vous y apprendrez certes moins de choses résolument utiles, mais ce n'est pas plus mal quand on veut simplement s'occuper un peu l'esprit entre deux baignades, ou se renseigner sur les tendances sociétales, musicales et littéraires.

Les chroniques et les interviews en début de magazine restent son point fort, *a contrario* des pages mode où les annonceurs et la publicité sont omniprésents. *GQ* se positionne donc comme un bon complément de revues plus pointues.

Inventory

États-Unis

Inventory est un autre *mook* extrêmement pointu, traitant de sujets de niche, mais bien plus proches du textile : tendances japonaises, styles de vie *americana* et *workwear* dans la majorité des pages. On ressent le caractère authentique de la publication rien qu'en parcourant des doigts le grain du papier, à la texture si particulière.

Si le magazine évoque les marques, il reste à distance raisonnable des tendances éphémères et se cantonne à des pièces iconiques du vestiaire masculin : celles qui ont soit un véritable savoir-faire, soit une identité de marque historique. C'est ainsi que l'on peut y dévorer des reportages sur la fabrication des vêtements. Mais attention, c'est un véritable pavé qui pèse lourd… et qui occupe !

Wired

États-Unis

Ce magazine américain traite des nouvelles sciences et technologies, à travers leur impact sur la culture, l'économie ou encore la politique.

Le ton est sérieux sans être rébarbatif, et il y a un vrai effort de pédagogie, mais jamais au détriment de la profondeur des sujets. Vous y apprendrez par exemple comment les nouveaux capteurs permettront de révolutionner le e-commerce de la mode, ou pourquoi Apple s'entoure de spécialistes du luxe pour développer de nouveaux smartphones.

Alors oui, cela reste périphérique par rapport au style. Mais être ouvert et instruit n'est-il pas une part importante de la personnalité d'un homme moderne ?

À LA TERRASSE AVEC...

Benoit Carpentier de Marchand Drapier

Quels conseils donnerais-tu à un homme qui n'a pas d'idées pour s'habiller l'été ?
Il faut avoir les bons basiques ! Ainsi, une veste de smoking fonctionne bien l'été. On peut aussi porter une chemise blanche, un polo en coton mercerisé, fitté, avec un petit col et des boutons en nacre. Pour les couleurs, tout dépend du niveau de bronzage ! Quand on est bronzé, on peut tout se permettre. Par ailleurs, il ne faut pas hésiter à mélanger les pièces. C'est comme un cocktail, c'est une question de dosage, il faut avoir un côté structuré et, surtout, une touche de folie.

Et toi, comment t'habilles-tu en été ?
Je pars avec le strict minimum. Avant, j'emportais toujours deux grosses valises de vêtements que je ne mettais pas. Maintenant, je ne prends que des pièces simples et fortes qui me permettent d'être élégant en toute condition. Je ne mets que des bermudas, un vieux jean fétiche Dior Homme époque Slimane, des chemises Marchand Drapier (ma propre marque) et ma chemise sans col ouverte dans toutes les couleurs. Aux pieds, j'ai des mocassins en crocodile teints en plongée de chez Raparo et des tongs en cuir tressé.

Quelles pièces emportes-tu absolument dans ta valise ?
- Un panama de mon amie Lola de la marque John Hat.
- Mes ceintures en perles tressées trouvées en Afrique du Sud.
- Un blazer bleu marine cintré en coton armuré. J'aime le porter le soir si je suis invité à dîner, cela donne très facilement une tenue élégante.
- Un étui à montres de voyage pour toutes mes montres.
- Une paire de tennis blanche (indispensable !).
- Une dizaine de chemises et quelques tee-shirts.
- Des minorquines (chaussures que l'on ne trouve qu'à Minorque), très confortables.

Quelle tenue pour...
- Une balade en bord de mer ? Bermuda, pieds dans l'eau, tee-shirt et blazer !
- Un rendez-vous amoureux en vacances ? Jean retroussé, porté un peu court, chemise, veste de smoking et tongs en cuir.
- Une bonne soirée entre amis ? Bermuda et belle chemise, car on ne sait jamais comment cela va finir...

Où pars-tu en vacances ?
Sur une île de la Méditerranée, la Sardaigne ou la Sicile, je m'y sens coupé de tout puisque l'on est bien obligé de déconnecter sur une île ! Je pars avec ma famille et mes amis ; on adore louer une grande maison sur place.

Quel est ton meilleur souvenir de vacances ?
Un tour d'Amérique centrale d'un mois version sac à dos, fait avec un copain quand j'avais 22 ans. C'était l'aventure totale ! J'ai adoré Antigua au Guatemala, qui se trouve au pied d'un volcan ; les couleurs de la ville sont fabuleuses.

Qu'est-ce que tu aimes déguster quand tu es en vacances ?
Mon cocktail : le Negroni, un cocktail assez fort (martini, gin, campari) parce que cela me va bien et que ça désinhibe. J'aime aussi manger du poisson grillé, des tapas : il faut de la nourriture saine !

LES INDISPENSABLES DE L'ÉTÉ D'APRÈS...

Benoit Carpentier de Marchand Drapier

1. Une veste de smoking
2. Un bermuda
3. Un tee-shirt improbable, comme un tee-shirt Mickey pour le côté enfant
4. Un bon livre
5. Des ceintures colorées
6. Une Fiat 500 vintage
7. Des bracelets Catherine Michiels pour le côté liberté
8. Une crème après-soleil
9. Une paire de lunettes de soleil, Persol en l'occurrence
10. Une eau de Cologne traditionnelle de Florence du magasin MunsterMann
11. Des tongs

MAIS AUSSI...

12. Une playlist avec Cascadeur

Les chemisettes ne sont pas évidentes à porter, mais quand elles possèdent des manches fittées et un tissu graphique, elles s'accordent très facilement avec un pantalon plus habillé.

Le pantalon sobre habillé contrebalance tout à fait la chemise à manches courtes fantaisiste.

Le revers manuel est très utile en été, il aère la cheville et permet de rendre une tenue instantanément décontractée.

QUEL HOMME STYLÉ ÊTES-VOUS?

1

Dans votre valise, pour les vacances, vous avez besoin de chaussures :

- # Vous vous apercevez que vous ne vous êtes même pas posé la question. De toute façon, vous êtes déjà en voiture !
- ● Vous prenez forcément une paire de bottines ou d'autres chaussures habillées. Même si vous devez tasser la valise, vous êtes paré pour des sorties élégantes !
- ■ Vous prenez le minimum : des tongs et des sneakers. Il faut voyager léger, et puis bon, c'est les vacances !

2

Pour vos bijoux masculins de l'été :

- ● Une paire de lunettes de soleil sobre, un petit bracelet en cuir et une montre vintage bien choisie sont les accessoires que vous emportez avec vous.
- ■ Vous adorez les matières brutes comme le cuir, le bois ou les métaux usés pour vos bracelets.
- # Des bijoux masculins ? Cela ne vous est même pas venu à l'idée de vous pencher sur la question !

3

Sur la plage…

- ■ Vous vous baignez, vous jouez au volley entre amis.
- # Vous ne faites que la sieste, les vacances, c'est fait pour se reposer !
- ● Vous lisez un bon livre et vous marchez en bord de mer.

4

Vous allez vous promener en bord de mer :

- ● Pour rien au monde vous vous séparez de votre chemise blanche bien coupée aux manches retroussées.
- # Vous êtes torse nu parce que vous voulez bronzer. Ah si, il y a tout de même un tee-shirt premier prix suspendu à votre bermuda.
- ■ C'est les vacances, vous ne voulez pas entendre parler d'autre chose que de votre tee-shirt graphique soigneusement déniché !

5

C'est l'heure du pique-nique...

■ C'est le moment de porter les espadrilles achetées le matin même.

● Pas de problèmes, il vous suffit de remplacer vos desert boots par des mocassins, vous avez bien fait de les emporter dans la valise !

Vous y allez pieds nus, c'est mieux pour sentir l'herbe sous les pieds.

6

Le soir, il est temps de sortir dans un bar et donc de vous habiller...

● Bottines, jean semi-slim et chemise. Avec vous, on ne change pas une équipe qui gagne.

Vous n'avez aucune idée de votre tenue de ce soir, et vous n'aurez pas le temps de repasser à votre appartement pour vous changer...

■ Sneakers, chino et tee-shirt. Ou chemise casual. Vous hésitez entre les deux. Mais pour danser, vous savez que vous devez être habillé léger.

Solution

L'HOMME STYLÉ PAR EXCELLENCE !

MAJORITÉ DE ●

Vous aimez être élégant et porter des pièces habillées en toutes circonstances. Vos modèles sont d'ailleurs les photos "street style" de certains Italiens. Pour vous, l'été n'est pas synonyme de relâchement dans votre style. Bien au contraire ! C'est l'occasion de montrer que votre élégance sait parfaitement s'adapter au bord de mer, à un pique-nique ou à une soirée entre amis. Pour vous, c'est cela le vrai style !

L'HOMME STYLÉ EN TONGS, PLACE À LA DÉCONTRACTION !

MAJORITÉ DE ■

Vous portez peut-être des vestes cintrées et des chemises toute l'année, et vous n'avez qu'une envie pour vos vacances : des vêtements plus légers et plus confortables. Mais attention, vous tenez à avoir une décontraction stylée, avec des pièces casual certes, mais pointues et uniques.

L'HOMME STYLÉ SPONTANÉ !

MAJORITÉ DE #

Pour vous, il est hors de question de se compliquer la vie pour une histoire de vêtements. Vous n'y pensez pas plus que cela et vous ne sauriez pas vraiment expliquer pourquoi vous avez choisi telle ou telle tenue. C'est comme cela, vous l'avez choisie à l'instinct, sans même vous en rendre compte. Ne vous inquiétez pas, c'est un état d'esprit qui donne souvent lieu à des looks très spontanés et naturels.

LE SHOPPING DE L'ÉTÉ

Union européenne
République française
PASSEPORT

DÉPENSER MOINS POUR VOYAGER PLUS

La bonne nouvelle de l'été, c'est que les pièces sont généralement moins coûteuses : pas de manteau en laine et cachemire, pas de grosses chaussures d'hiver, pas de cardigan en grosse maille, et pas de toile selvedge premium... À cette saison, on trouve beaucoup plus de coton, qui est une matière moins chère que la laine ou le cachemire. Et à part la veste d'été à acheter en soldes, tout sera relativement abordable !

Exemple de liste : budget global 500 €
(= une fois dépassé, on s'arrête !)

Cette liste doit être modulée en fonction de votre tenue. Vous pouvez tout à fait trouver une belle paire de sneakers et répartir facilement le reste du budget sur un chino, une chemise et éventuellement une veste. Les vêtements sont ici classés par ordre de priorité, avec des conseils de marques.

- Une veste ou un blouson d'été – 300 € maximum (Homecore, La Comédie Humaine, Melinda Gloss, Three Animals, Surface to Air)
- Un jean – 120 € maximum (Frenchtrotters, A.P.C., Balibaris, Naked & Famous)
- Un chino – 120 € maximum (Patron, Marchand Drapier, Cuisse de Grenouille, Dockers, Homecore)
- Un cardigan/pull léger – 80 € maximum (Uniqlo, Six&Sept, Homecore)
- Des tee-shirts – 40 € maximum/tee-shirt (Benjamin Jezequel, Homecore, COS, Monoprix)
- Des chemises – 80 € maximum/chemise (Balibaris, Maison Standard, COS)
- Un short de bain – 60 € maximum
- Un foulard en coton ou en cachemire, ou un chèche – 50 € maximum (Meilleur Ami, Sauver Le Monde Des Hommes)
- Une paire de sneakers basses – 150 € sauf si coup de cœur (Someone, National Standard, Sawa, Piola)

Cette tenue n'est composée que de marques milieu de gamme, mais rendues très accessibles grâce aux soldes.

Chapitre 2

LES DESTINATIONS SHOPPING

Où que vous partiez en vacances, renseignez-vous sur ce que vous pouvez acheter à la source, car les prix sont moins élevés du fait de l'absence de taxe d'importation et de frais de douane. Voici trois destinations où vous pouvez faire du shopping sans complexe.

MONTRÉAL

Montréal est une des villes les plus sous-estimées en matière de shopping. Pourtant, c'est là que l'on trouve une des boutiques de jeans les plus pointues au monde, Tate + Yoko, qui appartient à la marque Naked & Famous et qui propose un excellent choix de jeans selvedge.

La parité euro / dollar canadien est en plus largement en notre faveur d'Européen. Profitez-en donc pour faire vos achats *workwear* : des chaussures Red Wing ou Abington, et une bonne grosse parka Nobis ou Mackage pour l'hiver prochain !

TOKYO

Le Japon, et plus particulièrement Tokyo, est un terrain très fertile et dynamique en matière de mode masculine. Tout un tas de marques y sont distribuées, celles-ci sont parfois inconnues en France, mais très qualitatives. Et ce, pour tous les genres. Que vous aimiez les souliers sur-mesure, le *workwear* ou des styles plus originaux et beaucoup plus pointus que ceux de nos créateurs parisiens, vous trouverez votre bonheur sur place, particulièrement dans le quartier Shibuya.

L'ITALIE

Comment parler de voyage sans parler de l'Italie ? Si vous aimez le style décontracté chic ou l'art tailleur, vous serez comblé. Par exemple, vous trouverez à Naples les plus belles chemises du monde et les tailleurs les plus renommés. Mais ne ratez pas pour autant Milan et ses boutiques de créateurs pointues ! Surtout, ouvrez grand vos yeux, car le style italien vous donnera une bonne dose d'inspiration.

Tate + Yoko à Montréal est une boutique de jeans de puristes tenue par de vrais passionnés, appartenant à la marque Naked & Famous.

Chapitre 3

LES BONS PLANS DE L'ÉTÉ

FAITES LE POINT SUR VOTRE GARDE-ROBE

"Rien ne sert de courir, il faut partir à point" : cette morale illustre bien la situation. Avant de partir à la conquête des boutiques pendant les soldes, prenez le temps d'analyser votre penderie et d'y faire un peu le tri. Cela vous permettra de savoir ce qu'il vous manque et ainsi de le noter dans votre shopping list !

Avant toute chose, demandez-vous si vous possédez les fameux basiques estivaux. Si vous les avez déjà tous, réfléchissez à quelles pièces fortes ou quelles couleurs viendraient compléter avec goût votre garde-robe. Ce moment de réflexion vous aidera à établir la liste des articles à chercher et à trouver pendant les soldes.

LES SOLDES

C'est LE temps fort de l'été pour avoir de quoi s'habiller pour vos vacances. Elles ont habituellement lieu fin juin, le timing est donc parfait !

Notez que les présoldes sont de plus en plus courantes. C'est-à-dire que certaines marques n'hésitent pas à pratiquer des remises de 40 % auprès de leur liste de clients. C'est une opportunité à bien surveiller, car c'est généralement à ce moment-là que partent les pièces les plus remarquées de la collection.

Pour avoir accès à ces présoldes, la démarche est simple. En boutique, demandez à être inscrit dans la base clients, abonnez-vous également aux newsletters de vos marques préférées et des e-shops qui les distribuent, et suivez les comptes officiels des marques sur les réseaux sociaux. Vous aurez toutes les chances d'être prévenu au bon moment !

LES VENTES PRESSE/BRADERIE

L'accès à ces événements est plus difficile. Car, non seulement, ces ventes ont lieu uniquement à Paris, mais en outre, tout le monde n'y est pas invité.

Pour les braderies, après avoir établi un bon contact avec une boutique, demandez simplement ce qu'elle fait des invendus, car il y a sûrement des pièces que vous regrettez d'avoir ratées. Vous aurez ainsi une information précieuse : soit elle vous apprendra qu'elle organise discrètement une braderie une fois par an, soit elle vous dira qu'elle passe par des déstockeurs, ce qui est une piste intéressante. Les boutiques ne donnent pas facilement ce genre d'informations confidentielles. C'est pour cette raison qu'il est nécessaire d'établir au préalable un contact positif.

C'est plus compliqué en ce qui concerne les ventes presse / privées (habituellement réservées aux journalistes), car chaque marque s'y prend d'une façon différente. Certaines l'annoncent sur les réseaux sociaux, d'autres non. Vous pouvez toujours essayer de contacter directement la marque, en expliquant que vous êtes un bon client, et que vous souhaiteriez avoir des informations sur ces ventes.

Sinon, les forums de mode masculine ont parfois une section "bons plans" ou "ventes privées" que vous devez suivre avec attention.

PRATIQUE !

Retrouvez l'application "L'homme stylé" sur l'App Store avec une sélection de boutiques partout en France !

Ces sneakers Lanvin ont été achetées à 120 € dans une braderie, contre un prix boutique de plus de 300 €. Ces événements sont le meilleur moyen d'obtenir d'énormes réductions, mais leur rareté et leur difficulté d'accès les réservent aux plus patients.

ASTUCES

01

Demandez systématiquement à être dans le fichier clients des boutiques et des e-shops que vous aimez bien.

02

Préparez vos soldes… avant les soldes. Le jour J, dans l'idéal, est réservé uniquement aux achats, et non aux essayages.

03

Repérez les sections "bons plans" des forums de mode masculine.

04

N'achetez pas une pièce uniquement parce qu'elle n'est pas chère. Vous devez l'apprécier avant tout.

LES DESTINATIONS COUP DE CŒUR

Envie de trouver des destinations de vacances loin des plages surchargées et du tourisme de masse ? Nous vous livrons ici les endroits qui nous ont particulièrement marqués.

VANCOUVER

Vancouver est une ville entourée par la nature, et dotée d'un panorama magnifique : vous y apercevez constamment les montagnes enneigées depuis le centre-ville. N'hésitez pas, entre deux achats, à louer un vélo et à vous promener sur l'île ; la balade vaut le détour.

Outre des boutiques pointues, Roden Gray par exemple, Vancouver regorge d'endroits tendance. Les grands immeubles en verre donnent un vrai éclat à cette ville où le tourisme reste très raisonnable. À l'instar de Montréal, voilà une cité canadienne où l'on ressent une vraie douceur de vivre, à l'image de ces curieuses maisons flottantes que l'on trouve aux abords de la ville et où l'on s'imagine sans peine couler des jours paisibles.

Nous vous conseillons de sortir de la ville et d'emprunter la route jusqu'à Whistler : un parcours au panorama époustouflant qui vous fera comprendre ce qu'est un vrai *road trip*.

Dernière chose : du fait de la forte présence de la population asiatique, la cuisine japonaise y est tout simplement excellente, en plus d'être très abordable. Ne vous en privez pas !

Vancouver est une ville parfaitement intégrée dans la nature, de nombreux paysages à couper le souffle vous y attendent.

LA BONNE ADRESSE
Roden Gray
8 Water St, Vancouver
Une boutique pointue avec une sélection exclusive et de très bon goût. À ne pas manquer !

LONDRES

Comment parler de vacances et de style sans évoquer Londres ? Si la rue des tailleurs, Savile Row, est évidemment incontournable, la ville possède de nombreuses boutiques pointues et variées. Que vous cherchiez une vraie élégance ou un style beaucoup plus fort et assumé, vous trouverez sans problème votre bonheur : le quartier de Camden pour des vêtements plus roots, et les boutiques Liberty, LN-CC ou Selfridges pour des vêtements plus pointus.

Inutile de préciser qu'outre une vie nocturne unique (disons que les Anglais savent faire la fête), la ville offre de nombreux points d'attraction, comme la célèbre Tate Gallery, musée d'art moderne gratuit qui vaut le détour.

Big Ben veille sur les excellentes boutiques londoniennes !

LA BONNE ADRESSE
Liberty
Regent Street, Londres
Un grand magasin londonien, souvent dans l'ombre de Harrods, mais à la sélection éclectique et variée. Sa réputation s'est faite grâce à sa capacité à proposer continuellement des pièces avant-gardistes.

TOURS

La France regorge de beaux endroits : pourquoi ne pas séjourner en Indre-et-Loire pour les vacances ? Outre un beau centre-ville et un tramway tout neuf, Tours propose d'excellents restaurants relativement abordables. La taille humaine de la ville permet de se déplacer principalement à pied. Promenez-vous dans le vieux Tours, autour de la place Plumereau, et finissez par la rue Colbert : l'endroit est charmant.

L'été, les bords de Loire sont aussi très agréables, et le coucher de soleil sur le fleuve, un verre de Chinon à la main, est un incontournable. N'hésitez pas à explorer les alentours, car outre ses célèbres châteaux (Chambord, Clos Lucé, Cheverny, etc.), la région compte de nombreux petits viticulteurs à découvrir vers Bourgeuil, Chinon ou Vouvray. Arrêtez-vous également dans de très beaux villages tels que Montrésor, Candes-Saint-Martin ou encore Richelieu, à l'urbanisme novateur pour le XVIIe siècle.

En été, le pique-nique devant le coucher de soleil sur la Loire est incontournable à Tours. Il y règne une ambiance toute particulière…

LA BONNE ADRESSE
Charles Barrier
101 avenue de la Tranchée, Tours
Ce restaurant gastronomique propose un menu déjeuner imbattable en termes de rapport qualité / prix. La carte du soir y est également alléchante et abordable.

À LA TERRASSE AVEC...

Georges Som et Carol Sossou de Hèdus

Quels conseils donneriez-vous à un homme qui n'a pas d'idées pour s'habiller l'été ?
Il faut avoir des vêtements pour tout : une chemise classe, une chemise décontractée, un chino, un jean, et opter pour des couleurs variées afin d'avoir de nombreuses possibilités. C'est important de prendre aussi des vêtements un peu sport. Il faut du formel et du décontracté.

Et vous, comment vous habillez-vous en été ?
Georges : Je suis en bermuda Hèdus quand même ! Mais j'ai aussi un vieux tee-shirt Schott de mes années lycée. Sinon, je suis tout le temps en tongs. Et j'ai une paire de Ray-Ban classiques, tout est très simple !
Carol : Je sors en jean, en polo, en chemise casual et avec une paire de bateaux. Je porte beaucoup de chinos en été, je montre mes chevilles en retroussant systématiquement le pantalon. Pour le soir, je mets une chemise, mais je reste décontracté pour être à l'aise.

Quelles pièces emportez-vous absolument dans votre valise ?
Georges : Je prends mes lunettes de soleil et un livre, Proust par exemple, car j'aime lire des classiques en vacances.
Carol : Ma paire de bateaux, parce qu'elle est classe, confortable et très décontractée. Je prends aussi mon chino et toujours beaucoup de musique.

Quelle tenue pour...
- Une balade en bord de mer ? Un bermuda, des tongs, des lunettes de soleil et on reste torse nu !
- Un rendez-vous amoureux en vacances ? Une tenue décontractée, avec un cardigan Hèdus pour lui mettre sur les épaules quand elle a froid, un chino, une chemise à motifs pour le côté classique mais avec une petite touche fantaisiste, et des espadrilles.
- Une bonne soirée entre amis ? Un polo, un jean et une paire de baskets.

Où partez-vous en vacances ?
Georges : Je fais du surf à l'île d'Oléron, pour me couper de tout. Je suis hébergé chez une amie photographe, et j'oublie Paris, la ville, je reviens à des choses très simples comme la plage, la pétanque et le rhum.
Carol : J'aime partir dans des villes comme Rome ou Montpellier, pour avoir la ville et la plage en même temps, et surtout, pour l'animation : boîtes de nuit et bars. Je pars tout le temps avec des amis, une quinzaine de potes, et on s'arrange pour louer un appart ou une maison en centre-ville !

Quel est votre meilleur souvenir de vacances ?
Georges : Chaque année, c'est ma première vague de surf ! Quand tu arrives à prendre ta vague, tu es le roi du monde, tu as une sensation de vitesse et de ralenti en même temps. Le surf est ingrat, car c'est un sport difficile, mais quand tu connais cette sensation d'être sur ta planche, de glisser sur l'eau, tu oublies tout.
Carol : J'en ai plusieurs, surtout quand mes potes font des choses farfelues. Mais par respect pour certains, je tairai les faits...

Qu'est-ce que vous aimez déguster quand vous êtes en vacances ?
Georges : Je suis très rhum, surtout les ti-punch, et je mange beaucoup d'huîtres.
Carol : Je bois beaucoup de rosé l'été, notamment les côtes-de-Provence ! Par contre, je mange assez mal pendant cette saison...

"L'ÉTÉ, IL FAUT DU FORMEL ET DU DÉCONTRACTÉ."

LES INDISPENSABLES DE L'ÉTÉ D'APRÈS…

Georges Som et Carol Sossou de Hèdus

1. Le bermuda Hèdus : resserré sur le bas et légèrement ample au niveau des cuisses. Un peu roots, il se marie très bien avec un polo classe.

2. Le polo claudine Hèdus

3. Le cardigan Rétro en coton égyptien

4. Le blouson technique Lennox : en matière technique et imperméable, parfait pour les sorties en mer

5. Un livre : *Glamorama* de Bret Easton Ellis

MAIS AUSSI…

6. Des lunettes de soleil, nous aimons beaucoup la marque Waiting for the Sun

7. Une paire d'espadrilles

8. Du Bob Marley, du Kanye West

Le blouson phare de Hèdus est l'un des rares blousons en prêt-à-porter sobre, bien coupé et en matière technique. Ses épaules sont très bien dessinées.

Cette chemise est l'exemple parfait d'une pièce que vous pourrez porter de façon élégante ou décontractée. Sa couleur et sa matière la rendent très polyvalente. C'est le type de vêtement à emporter absolument en vacances.

Ce genre de pantalon d'un bleu très clair est totalement adapté pour l'été. N'hésitez pas à l'assortir avec des pièces beiges ou colorées afin de créer une tenue joyeuse et de bon goût.

LES SEPT ERREURS DU STYLE

Identifiez les sept erreurs qui
peuvent gâcher un look stylé !

Solution

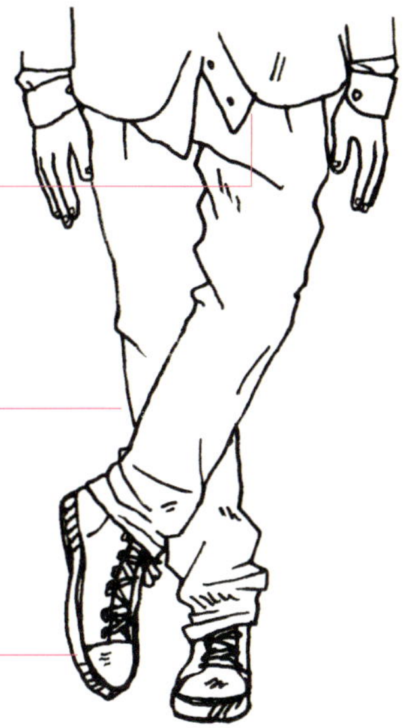

Pantalon trop large au niveau de la taille

Un pantalon trop grand est l'une des erreurs les plus dangereuses pour votre silhouette : les fesses sont flasques et c'est comme si vous preniez 5 kilos d'un coup !

Pantalon trop long

Un pantalon trop long est peu flatteur pour votre silhouette, car il vous tasse, vous grossit les mollets et va plus facilement s'abîmer.

Chaussures non adaptées

Si nous encourageons à casser les codes d'une tenue en jouant sur les chaussures, tâchez d'avoir un minimum de cohérence dans votre style, surtout si vous débutez.

Chemise trop boutonnée

Le temps où l'on considérait les vêtements comme une armure est révolu : décontractez-vous et défaites les deux premiers boutons du haut de votre chemise, comme George Clooney.

Veste trop serrée

Si, dans le passé, vous choisissiez des vestes trop grandes, attention à l'excès inverse : prendre des vestes trop petites (et donc très inconfortables), que l'on reconnaît aux grands plis en étoile qu'elles forment.

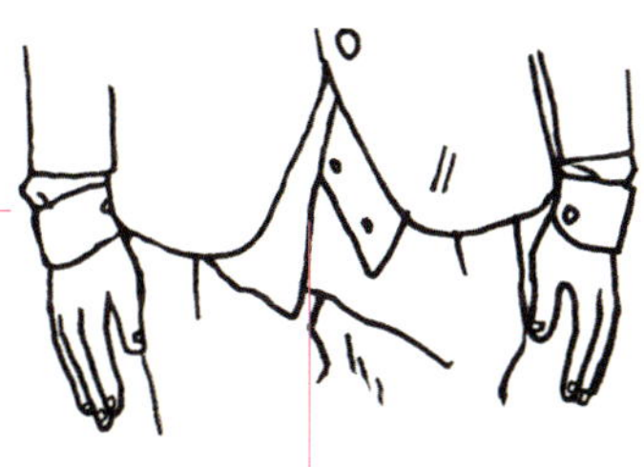

Manches de chemise trop longues

Attention à la longueur des manches de chemise, qui doivent tomber entre la boule osseuse de votre poignet et la toute première phalange du pouce.

Chemise non rentrée dans le pantalon

À part si vous portez une chemise décontractée, rentrez toujours votre chemise habillée dans votre pantalon quand vous avez une veste, c'est bien plus élégant.

LES ESSENTIELS DE LA GARDE-ROBE ESTIVALE

MITTE
Mitte
Mitte

LE TEE-SHIRT : L'ALLIÉ PHARE DE L'ÉTÉ

UNE PIÈCE FACILE POUR L'ÉTÉ

Les tee-shirts sont un sujet crucial l'été, car quand il fait chaud, il vous en faut un différent tous les jours. Heureusement, ce n'est pas compliqué de trouver des tee-shirts bien coupés, dans de jolies couleurs, pour une poignée d'euros (chez Monoprix, par exemple). En outre, c'est une pièce très simple à choisir : il suffit de vérifier que la couture des épaules correspond bien à votre épaule naturelle.

LE CAS DES TEE-SHIRTS HAUT DE GAMME

Là où cela va devenir plus délicat, c'est de trouver des tee-shirts plus travaillés. Car d'une part, les prix sont plus élevés et, d'autre part, il faut que le tee-shirt supporte bien les lavages.

Pour un tee-shirt 100 % coton, un lavage en programme coton, à 30°, et un essorage minimum sont parfaits. C'est à cause de ce dernier point que nous vous recommandons d'être vigilant avec les mélanges de coton, de soie et de cachemire des tee-shirts haut de gamme. Restez de préférence sur du coton, et soyez très méticuleux lors des lavages.

N'ayez pas peur du modal, ce textile artificiel fait à partir de cellulose. C'est en effet un tissu particulièrement doux qui résiste bien au lavage et qui est parfois utilisé dans la confection des tee-shirts haut de gamme.

CHOISIR LA BONNE COULEUR

Au niveau des couleurs, faites-vous plaisir sur les tons pastel. Si vous manquez d'inspiration, regardez du côté de la marque American Vintage, qui propose toujours des coloris intéressants. Pensez aussi aux couleurs chinées. Vous pourrez vraiment trouver des choses originales et facilement portables.

SÉLECTION TEE-SHIRTS

ENTRÉE DE GAMME

Monoprix, Maison Standards, Uniqlo, Asos, COS

MILIEU DE GAMME

Benjamin Jezequel, American Vintage, Sixpack, Homecore

HAUT DE GAMME

Silent by Damir Doma, Kowtow, Void The Brand, Études

LE CAS DES POLOS

Quand on dit "vêtement d'été", spontanément, la plupart des hommes pensent malheureusement au polo. C'est en effet une pièce que nous ne recommandons pas spécialement parce qu'il est vraiment difficile de trouver des modèles attractifs, qui font penser à autre chose qu'à une énième redite des marques historiques de polo. Tournez-vous vers des marques comme Hèdus, J. Lindeberg et Max Rosse.

Si vous vous lancez dans l'achat d'un polo, soyez vigilant sur le choix. Le polo est une pièce hybride, qui oscille entre le casual décontracté et l'habillé. Un peu comme si vous croisiez un tee-shirt et une chemise. Il n'existe pas de règles universelles (les coupes, les matières seront bien sûr des critères de choix), mais évitez de tomber dans le cliché du polo coloré avec col relevé. Un polo est certes perçu comme élégant, mais c'est un peu comme avec les muscles : montrez ce qu'il faut et ne surjouez pas, car cela vous ferait perdre énormément de naturel. Privilégiez des manches assez courtes et fittées, et comme d'habitude, soyez intransigeant au niveau de la coupe des épaules.

Les polos haut de gamme présentent souvent des détails intéressants, comme la longueur de la boutonnière ou une poche très travaillée.

GUIDE D'ACHAT DU TEE-SHIRT

1. LA COUTURE DES ÉPAULES TOMBE AU NIVEAU DE LA PROTUBÉRANCE OSSEUSE DE L'ÉPAULE
2. LE VENTRE NE DOIT JAMAIS ÊTRE MOULÉ
3. IL Y A AU MOINS UNE LARGEUR DE MAIN ENTRE VOTRE CEINTURE ET LE BAS DU TEE-SHIRT

Ici, on a un tee-shirt dont le détail remarquable s'accorde parfaitement avec un pantalon beige.

LA CHEMISE : POUR RESTER CHIC QUAND IL FAIT CHAUD

Les chemises sont des éléments importants de votre garde-robe estivale, car elles peuvent aussi bien être des pièces casual qu'élégantes. Nous ne pouvons que vous conseiller de les porter manches retroussées, cela donne une image bien plus décontractée. Si la chemise n'est pas trop longue, c'est-à-dire qu'elle ne couvre pas complètement vos fesses, sortez-la du pantalon. À partir de là, les possibilités sont immenses, en voici les principales.

CHEMISE EN CHAMBRAY

Le chambray est une excellente matière, facile à porter et à assortir, et qui apporte de la diversité et de la décontraction à votre garde-robe. Cela doit être une pièce prioritaire dans vos vêtements d'été.

N'hésitez pas à pratiquer le layering en portant un tee-shirt avec un col évasé en dessous, cela concerne d'ailleurs toutes les chemises casual.

CHEMISE À CARREAUX

L'offre est très vaste, avec toutes les gammes de prix... Orientez-vous vers des chemises type madras ou Vichy. Ne craignez pas la couleur, c'est une pièce moins impressionnante qu'elle n'en a l'air. Si vous montez en gamme, vous n'aurez aucun mal à trouver des modèles extrêmement séduisants. Et comme d'habitude, restez intransigeant sur la coupe.

CHEMISE ESTIVALE

Une chemise estivale, c'est simplement une chemise faite avec une matière légère que vous ne pourriez jamais mettre avec un costume, comme le lin, le voile de coton, le coton japonais, etc. Des marques comme Gitman Bros., Gant Rugger, Dockers ou Melinda Gloss se sont fait une spécialité d'explorer ce genre de tissu dans leurs collections estivales.

Le problème, c'est que l'on entre automatiquement dans des pièces moyen de gamme/haut de gamme pour avoir accès à des matières intéressantes. En d'autres termes : attendez les soldes ! L'intérêt de ces chemises est que leurs matières sont très travaillées.

CHEMISE EN LIN

Commençons par une vérité qui dérange : il est difficile de trouver une belle chemise en lin bien coupée, à part dans le haut de gamme. C'est d'ailleurs l'une des pièces les plus surestimées en été. De ce fait, vous devez être particulièrement vigilant avec la coupe de vos chemises en lin : une coupe confortable ne veut pas dire une coupe informe.

CHEMISE EN OXFORD

L'oxford est un tissu moins formel que la popeline classique bien qu'il trouve sa place sans problème assorti avec un blazer et un jean. C'est le tissu emblématique des chemises casual. Ce type de pièces comporte souvent un col boutonné au niveau des pointes (appelé col "button down") et une poche poitrine. L'intérêt est que plusieurs coloris pastel sont disponibles, et que c'est une pièce extrêmement simple à porter : un vrai indispensable pour l'été !

CHEMISE FORMELLE

Ici, vous ne serez pas dépaysé. Une chemise formelle n'a pas de saison : vous pourrez la porter en été ou en hiver. Le seul point délicat est que sa sobriété peut la rendre inappropriée dans une tenue estivale, à moins d'en choisir une avec un petit truc en plus (col officier, motif discret, etc.).

N'hésitez pas à déboutonner les deux boutons du haut et à retrousser les manches. Faites attention à la longueur de la chemise, toutes ne peuvent pas être portées hors du pantalon… Et assurez-vous de compléter votre tenue par un pantalon coloré et des chaussures un minimum travaillées (ne portez pas de simples baskets en toile blanche).

4 PIÈCES — *À combiner avec une chemise*

1. CHINO OU JEAN (AVEC UNE CHEMISE SORTIE DU PANTALON ET LES MANCHES RETROUSSÉES)
2. CARDIGAN, EN COTON DE PRÉFÉRENCE
3. ESPADRILLES, POUR LE CÔTÉ DÉCALÉ
4. VESTE DE SMOKING POUR LE CONTRASTE FORMEL / DÉCONTRACTÉ

Cette chemise a la longueur idéale pour être portée hors du jean. Il s'agit d'une chemise en chambray, à l'allure décontractée et aux possibilités très nombreuses. Ne vous en privez pas cet été et essayez de nouvelles combinaisons.

LES BAS : ILS NOUS FONT UNE BELLE JAMBE

ATTENTION AUX JEANS D'HIVER !

En été, les jeans épais en toile selvedge sont déconseillés pour des questions de confort : on a très vite trop chaud avec. Les jeans waxés (avec un traitement à la cire) sont pires, car ils empêchent complètement la chaleur de s'évacuer. Si vous le pouvez, privilégiez les toiles grises, dont la couleur absorbe moins les rayons du soleil. Si vous tenez vraiment à garder votre jean selvedge en été, orientez-vous vers des toiles très légères, comme du 9 ou du 10 oz. À ce titre, la marque Naked & Famous s'illustre régulièrement par ses jeans très légers conçus pour l'été.

LES JEANS DÉLAVÉS

Le jean délavé est une pièce parfaite pour l'été, car elle affiche une certaine décontraction. Le problème, c'est qu'il est très difficile de trouver des jeans délavés corrects à des prix décents. À chaque fois, le délavage est trop artificiel, donnant même l'impression que le jean a été délavé à coup d'eau de Javel...

Si vous avez un beau budget, la ligne bis de Rick Owens, appelée "DRKSHDW" (prononcez "dark shadow"), propose de très jolis jeans délavés. Et si vous voulez le jean délavé ultime, vous trouverez votre bonheur chez la marque japonaise Kuro. Par contre, les prix sont stratosphériques et la marque est très peu distribuée...

Vous tenez, malgré toutes ces embûches, à porter un jean délavé ? Sachez que le plus beau sera celui que vous aurez vous-même délavé naturellement après un port intensif de plusieurs mois. Son délavage sera totalement unique !

USEZ ET ABUSEZ DU CHINO !

LE pantalon d'été reste quand même le chino, ce pantalon en coton élégant et léger. Et vous avez de la chance : la plupart des marques de prêt-à-porter d'entrée de gamme proposent des modèles vraiment corrects pour l'été !

Pour le choisir, sachez qu'il se détend un tout petit peu au fur et à mesure du temps, donc prenez-le à peine serré, et vous goûterez quelques jours plus tard au plaisir d'avoir un pantalon léger, très confortable, masculin, élégant et assez polyvalent. En effet, vous pourrez le porter facilement avec une paire d'espadrilles, de sneakers ou même une paire de chaussures plus habillées.

Pour les couleurs, faites-vous plaisir : beige, gris, vert délavé, cognac ou bleu marine, le risque de se tromper est faible. En outre, les chinos colorés commencent à se démocratiser, n'ayez donc pas peur des couleurs corail ou brique par exemple.

SÉLECTION CHINOS

ENTRÉE DE GAMME

Zara, H&M, Monoprix

MILIEU DE GAMME

Knowledge Cotton Apparel, Farah Vintage, Dockers, Balibaris

HAUT DE GAMME

Cuisse de Grenouille, La Comédie Humaine, Marchand Drapier (la Roll's des chinos)

GUIDE D'ACHAT DU CHINO

1. IL DOIT ÊTRE À PEINE SERRÉ AU NIVEAU DE LA TAILLE
2. IL NE DOIT PAS FLOTTER AU NIVEAU DES CUISSES ET DES FESSES
3. MÉFIEZ-VOUS DES COUPES "REGULAR" OU DES COUPES DROITES, LE RÉSULTAT SERA PEU FLATTEUR POUR VOTRE SILHOUETTE

Vous n'êtes pas obligé de retrousser autant votre chino, mais la coupe au niveau des cuisses doit être comme présentée ici.

LE CAS DU PANTALON EN LIN

Soyons bien clairs : le pantalon en lin est un vêtement très confortable et léger (un bonheur en été), mais à part le porter avec des tongs ou des mocassins, le choix est assez restreint... Cela dit, si vous cherchez un pantalon facile à enfiler au saut du lit pour prendre le petit-déjeuner sur la terrasse de votre maison de vacances, c'est le vêtement qu'il vous faut.

Les pantalons en lin ajustés sont rarissimes, à moins de chercher chez les petits créateurs. La plupart sont donc très larges et ne seront pas très flatteurs pour votre silhouette. Voilà pourquoi cette pièce est un faux ami, et que vous devez concentrer votre shopping sur les chinos.

LES SHORTS ET BERMUDAS

C'est un sujet plus délicat qu'il n'y paraît, car les coupes relativement ajustées que nous conseillons habituellement n'existent pas forcément pour ces pièces. En effet, un short très ajusté est assez compliqué à porter. Orientez-vous plutôt vers un bermuda assez sobre, qui s'arrête au niveau du genou. Les shorts, plus courts, ont une connotation franchement sportive, prenez-le en compte pour le choix de vos chaussures.

Évitez à tout prix les bermudas et pantacourts blancs, connotés assez cheap. Partez plutôt sur des nuances de beiges. Les shorts de bain obéissent à la même logique : les pièces les plus pointues dans ce domaine sont assez courtes et sont loin de faire l'unanimité. N'hésitez donc pas à choisir un short de bain qui arrive au niveau du genou.

LES CARDIGANS ET LES VESTES : POUR LES SOIRÉES FRAÎCHES

LA MAILLE EN ÉTÉ

La maille en été est un sujet moins incongru qu'il n'y paraît, car il faudra peut-être vous couvrir un minimum lors des soirées fraîches en bord de mer. Préférez les pulls et cardigans en coton, car ils résistent sans problème à des passages en machine réguliers, contrairement à de la laine mérinos qui demande plus de précautions. Tournez-vous vers la marque Six&Sept, marque de référence dans la maille. Homecore propose également de très jolis cardigans d'été.

Il existe aussi de la grosse maille avec des mélanges de lin et de coton, mais celle-ci est franchement plus compliquée à trouver (la marque Melinda Gloss l'utilise très régulièrement).

— *La couleur*

Pour éviter de mourir de chaud si vous portez votre cardigan en pleine journée, les couleurs sombres sont plus que jamais à éviter. Tournez-vous plutôt vers des couleurs pastel. Les couleurs chinées sont plus travaillées et pointues, et elles apporteront une touche de nouveauté.

— *Avec quoi porter un cardigan en été ?*

Tout simplement avec un tee-shirt ou une chemise décontractée, à la matière travaillée. Par exemple, n'hésitez pas à porter votre maille d'été avec une chemise en chambray. Vous pouvez porter une simple chemise blanche, mais il serait dommage de s'en contenter à cette saison.

3 VÊTEMENTS — *À porter avec un cardigan*

1. UN TEE-SHIRT CHINÉ OU UN TEE-SHIRT GRAPHIQUE
2. UNE CHEMISE CASUAL (CHEMISE À CARREAUX, CHEMISE EN CHAMBRAY, CHEMISE À MOTIFS, CHEMISE OXFORD, ETC.)
3. UNE CHEMISE FORMELLE (UNIQUEMENT EN POPELINE DE COTON)

ATTENTION

La combinaison cardigan et polo ne fonctionne pas aussi bien que l'on pourrait le penser, en raison du col du polo qui se place mal sur celui du cardigan.

Un cardigan travaillé, comme cette pièce Hèdus, est très utile, car il se suffit à lui-même avec un simple tee-shirt.

UN TYPE DE VESTE MÉCONNU...

Un petit mot sur les vestes de smoking dépareillées. Benoit Carpentier, le créateur de la marque Marchand Drapier, ne jure que par cette pièce en été. C'est en effet un vêtement qui ajoute instantanément une touche d'élégance dans une tenue, même si elle cohabite avec un tee-shirt et un chino.

Il ne s'agit pas de tomber dans le cliché de la veste noire toute simple. Essayez de trouver une veste de smoking bleue aux revers étroits, qui se placera bien plus facilement dans votre garde-robe estivale.

LA VESTE D'ÉTÉ : LÉGÈRE ET DÉCONTRACTÉE

Par définition, le tissu et la doublure de la veste d'été sont légers, la doublure pouvant même être absente, ce qui ne fera qu'augmenter son confort. Comme d'habitude, prenez une coupe ajustée, à un ou deux boutons.

Au niveau des couleurs, oubliez tout de suite le noir et portez des choses plus joyeuses que les habituels gris anthracite et bleu marine. Vous pouvez vous permettre des couleurs plus claires ou originales. Votre veste s'accordera ainsi parfaitement bien avec un tee-shirt ou une chemise.

— *Les matières*

Attention aux vestes en lin et coton, qui sont de faux amis : elles se froissent trop facilement et prennent vite un aspect chiffonné... le comble pour un vêtement élégant ! Les laines fines et légères, comme certaines flanelles, sont des alliées souvent sous-estimées. En effet, la laine a d'excellentes propriétés thermorégulatrices, ne se froisse pas et ne garde pas les odeurs de transpiration (tout le contraire d'une veste en coton).

LA VESTE D'ÉTÉ ULTIME

- Elle n'a pas de doublure.
- Elle est en laine très légère.
- Elle n'a pas d'épaulettes.
- Elle est d'une couleur originale ou claire.

Une veste d'été d'un bleu soutenu est très élégante. Ici, c'est le chino beige qui rend la tenue plus décontractée.

LES CHAUSSURES : POUR PARTIR EN VACANCES DU BON PIED

Le cas des chaussures en été est assez particulier. Bien sûr, si la température n'excède pas les 25°, vous pouvez continuer à porter vos chaussures habillées avec votre jean brut. Mais dès que vous voudrez vous habiller avec autre chose que votre jean sombre, il vous faudra être un peu plus inventif.

LES CHAUSSURES HABILLÉES ET LES BOTTINES

Il faut savoir que les bottines restent malgré tout assez polyvalentes, notamment avec un jean délavé. Vous pouvez donc continuer à les porter sans problème. Il existe des bottines spéciales pour l'été, avec une semelle assez fine et un cuir souple et léger. C'est une solution très satisfaisante si vous ne supportez pas de sortir en sneakers le soir.

Question confort, la plupart des chaussures haut de gamme sont confectionnées avec un cuir assez fin : vous ne serez pas embêté par la chaleur (par contre, ne portez que des chaussettes en coton, sans polyester). Attention à ne pas serrer vos lacets comme un forcené, car, le pied gonflant avec la chaleur et la marche, cela peut devenir douloureux. Et évidemment, ne portez pas la même chaussure deux jours de suite, elle a besoin de s'aérer afin de préserver le cuir.

LES DESERT BOOTS

Les desert boots sont une option à considérer sérieusement dans une tenue estivale. Ces chaussures, d'apparence montante, sont très souples et confortables. Tout ce dont vous avez besoin en été ! Leur forme décontractée convient bien à de nombreux coloris. C'est donc un moyen simple d'ajouter de la couleur à sa tenue, avec plus d'élégance qu'une paire de baskets, mais plus de décontraction que des Derby. Ce sont les chaussures du compromis ! Si la marque Opening Ceremony reste une référence pour les desert boots, Bobbies propose une très bonne alternative plus accessible.

LES ESPADRILLES

Comme chaussures plus décontractées, on trouve les espadrilles. Ces chaussures d'origine basque sont en train de revenir sur le devant de la scène avec des petites marques qui les modernisent : Espartine, Pare Gabia, Prodiso, String Republic, HuToPa (qui sont des espadrilles venant d'Argentine), Maurice & Moi, Art of Soule, etc. Ce sont vraiment des chaussures qui connaissent un essor fulgurant.

Les espadrilles iront à merveille avec un chino un peu retroussé, une ceinture tressée et un polo / tee-shirt / chemise, tout simplement. Là aussi, lâchez-vous sur les couleurs, en n'hésitant pas à porter par exemple un rouge vif, ou même un modèle rayé !

Attention cependant, ce ne sont pas des chaussures aussi confortables que l'on pourrait le penser. À la longue, la corde de la semelle peut irriter votre pied, et le fait que le pied gauche ne soit pas différencié du droit peut agacer. Dans ce cas-là, tournez-vous vers une marque comme Riviera, qui propose des chaussures extrêmement confortables et aérées pour l'été, dans la lignée des espadrilles.

LES MOCASSINS

Nous parlons ici de mocassins de conduite très souples et à picots, les plus adaptés pour l'été. Mais c'est un type de chaussures avec lequel une erreur est vite arrivée... En effet, vous devez éviter de les porter avec un polo coloré au col relevé, c'est trop connoté !

Il est également difficile d'en trouver avec un design un peu original. Mais ce sont des chaussures terriblement confortables, et très addictives en été. N'hésitez pas à les choisir dans des coloris moins classiques : bleu turquoise, fauve ou pourquoi pas bordeaux... Si la marque Bobbies reste un choix indiscutable en entrée de gamme, ceux qui disposeront d'un plus gros budget se tourneront vers la maison Aubercy, qui a sorti un luxueux mocassin à la forme élancée et travaillée.

SÉLECTION CHAUSSURES

ENTRÉE DE GAMME

Bobbies (excellent rapport qualité / prix), Riviera

MILIEU DE GAMME

Mark McNairy, Selected, Hackett, Centre Commercial

HAUT DE GAMME

n.d.c., Atelier Voisin, Aubercy et son fameux mocassin

N'hésitez pas à porter des chaussures avec une semelle légèrement colorée pour plus d'originalité. La présence de lacets en cuir est également un détail encourageant quant à la qualité de la chaussure.

LES SNEAKERS EN ÉTÉ

Commençons par une considération pratique : si vous partez en vacances avec vos amis, prenez TOUJOURS une paire de sneakers qui ne craint rien. Vous serez bien content d'avoir des chaussures que vous pourrez user sans scrupule en faisant du rafting, de la randonnée, du karting, du foot ou de l'accrobranche. C'est impératif !

Pour le reste, c'est le moment de privilégier les sneakers basses. Cependant, si vous êtes un peu élancé, des sneakers montantes avec un bermuda forment une combinaison impactante, mais plus pointue.

En ce qui concerne les couleurs, nous sommes en été, donc là non plus, n'ayez pas peur d'oser ! Essayez des bleus plus francs ou certaines couleurs comme le rouge vif... L'offre en sneakers a énormément monté en qualité ces dernières années, vous trouverez sans problème un beau modèle en fonction de votre budget.

SÉLECTION SNEAKERS

ENTRÉE DE GAMME

Sawa, Someone, Nike (modèle Blazer par exemple)

MILIEU DE GAMME

Piola, National Standard, Buttero, Twins for Peace, Florian Denicourt

HAUT DE GAMME

Lanvin, Carven, Balenciaga

L'OFFRE EN SNEAKERS A ÉNORMÉMENT MONTÉ EN QUALITÉ CES DERNIÈRES ANNÉES, VOUS TROUVEREZ SANS PROBLÈME UN BEAU MODÈLE EN FONCTION DE VOTRE BUDGET.

LES TONGS

Voilà une pièce plus difficile à porter qu'il n'y paraît ! En effet, comment avoir un minimum de style avec un morceau de polystyrène aux pieds ? Le challenge est franchement compliqué. Tournez-vous vers des tongs en cuir à la forme la plus simple possible. Évitez cependant les tongs en cuir trop larges avec une semelle en caoutchouc, qui sont assez disgracieuses. Il faut partir sur des formes beaucoup plus simples et sobres. Mais nous avons bien conscience que cela n'est pas facile à trouver !

Si vous avez juste besoin de tongs en plastique pour aller à la piscine ou la plage (ou un petit budget), choisissez-les les plus sobres possibles, et sans excentricité. Ne cherchez pas à en faire un élément fort de votre tenue, ce sera peine perdue. Concentrez-vous plutôt sur les accessoires (bracelet, montre, lunettes, etc.) ou votre tee-shirt.

Des sneakers épurées conviennent à tout le monde en été, même si vous n'avez pas l'habitude d'en porter. Ici, la marque Sawa, qui présente d'excellents modèles à un prix abordable. Elle explore aussi des couleurs plus originales.

Les sandales sont compliquées à porter et il est difficile de trouver une jolie paire. Inspirez-vous des modèles des marques haut de gamme.

Voilà à quoi ressemble une jolie paire de tongs : un beau cuir qui se patine et quelques détails originaux.

Chapitre 6

PLIEZ BAGAGES !

LA VALISE POUR DES VACANCES AU CAMPING

Au camping, la décontraction est évidemment primordiale. Lâchez-vous sur les tee-shirts, les bermudas ou les pantalons légers. Si vous voulez une pièce un peu plus habillée, pensez à une chemise à motifs. Quant aux chaussures, il s'agit d'être bien confortable, tout en étant toujours prêt pour une partie de volley. C'est donc le moment d'emporter vos sneakers basses !

CHECKLIST

1. Des pantalons légers
2. Des bermudas
3. De nombreux tee-shirts
4. Une chemise à motifs
5. Une chemise en denim
6. Des sneakers basses ou des chaussures de running
7. Des chaussures type Riviera ou des tongs
8. Un chapeau
9. Une paire de lunettes de soleil

Les cheveux décoiffés permettent d'apporter une vraie touche décontractée, indispensable pour les vacances.

La chemise en chambray trouve ici toute son utilité, en étant portée par-dessus un tee-shirt.

Le bas du chino est retroussé, ce qui est bien pratique pour la pêche aux crevettes dans les rochers.

Tongs, chino retroussé, chemise ouverte, c'est la tenue ultime pour les parties de pétanque et les apéros avec les voisins. Le livre à la main sert à se donner bonne conscience !

LA VALISE POUR UN WEEK-END EN FAMILLE À LA CAMPAGNE

Dans la maison de famille, on est certes décontracté, mais on aime bien garder un minimum d'élégance pour retrouver cousins et cousines. C'est le moment de sortir votre chemise en oxford et votre chino, qui seront confortables lors de ces grands repas de famille. Et puis, quand la nuit tombera, vous porterez votre maille en coton, que l'on risque d'ailleurs de vous piquer, tant elle sera pratique !

✓ CHECKLIST

1. Un chino
2. Une chemise en oxford
3. Des desert boots
4. Des sneakers basses
5. Un chapeau
6. Un pull en coton
7. Une écharpe légère

La chemise colorée à motifs permet de bien vous repérer lors des grands repas de famille.

Le chino beige n'a pas vocation à être assorti avec la nappe de la tablée familiale : il sert de base à vos tenues.

Les sneakers montées comme des espadrilles sont une tendance qui va beaucoup plaire à votre oncle.

Il y a encore du beige et du bleu, mais l'ensemble est égayé par des motifs qui plairont beaucoup à votre tante. Les sneakers espadrilles seront très pratiques lors de la promenade familiale.

LA VALISE POUR UN SÉJOUR URBAIN

La ville est l'endroit idéal pour prouver qu'un style élégant peut tout à fait exister dans un contexte estival. On n'hésitera donc pas à mélanger des pièces habillées comme une veste légère, une cravate tricotée et des bottines fines, avec un chino léger ou une chemise décontractée. Et comme d'habitude, on garde les lunettes de soleil !

CHECKLIST

1. Des chinos
2. Des chemises en oxford, des chemises plus habillées et un sweat en coton
3. Une veste légère
4. Une cravate tricotée
5. Des bottines fines
6. Des sneakers basses
7. Une paire de lunettes de soleil
8. Un chapeau

Le sweat en coton est un vêtement très utile en été, car il n'est pas trop chaud.

Un beau sac en cuir est pratique pour vos balades en ville, ne serait-ce que pour transporter une bouteille d'eau ou votre appareil photo.

Le chino est le pantalon star de l'été, il n'y a pas de raison que cela change lors de vos vacances !

On observe ici une tenue avec une base très sobre (chino et chaussures), où la pièce forte, le sweat, trouve parfaitement sa place.

LA VALISE POUR UNE JOURNÉE À LA PLAGE

Le seul mot d'ordre pour s'habiller sur la plage : légèreté ! C'est le moment de sortir vos chemises les plus décontractées et vos maillots de bain les plus stylés. N'oubliez pas votre fidèle paire de lunettes de soleil, un petit bracelet et un tee-shirt increvable si vous jouez au volley. Et aux pieds, mettez quelque chose de léger et de facile à enfiler !

CHECKLIST

1. Un maillot de bain
2. Une chemise légère
3. Un tee-shirt basique
4. Des espadrilles
5. Des lunettes de soleil
6. Un chapeau

Certes, il s'agit d'une simple chemise blanche, mais le col mao apporte un peu de décontraction.

Attention, ce n'est pas parce que vous portez une chemise à la plage que vous devez faire l'impasse sur le cintrage.

Le maillot de bain est assez court pour laisser bronzer vos cuisses.

Vous n'êtes pas obligé d'aller à la plage en chemise, mais il paraît que c'est meilleur pour votre peau. Au moins, on ne pourra pas vous reprocher de négliger votre style en vacances !

TATOUÉ OUI, MAIS AVEC STYLE !

Longtemps stigmatisé, le tatouage est de plus en plus admis (voire apprécié) dans de nombreux milieux. Pour autant, vous vous doutez bien que se faire graver la peau à vie ne se décide par entre deux verres de Long Island !

ŒUVRE D'ART ou souvenir de vacances ?

Il n'existe pas de bonne ou de mauvaise démarche. Pour certains, un moment de vacances unique (ou arrosé) est l'occasion de gratifier sa peau d'une petite inscription rapidement exécutée chez un tatoueur qui peinturlure sur catalogue les touristes du coin. Pour d'autres, c'est le fruit d'une intense réflexion sur le sens et l'esthétique, voire un projet artistique à part entière.

L'important dans tout cela, c'est de rester cohérent.

Si c'est un tatouage de vacances

Privilégiez les petites pièces, dans des endroits discrets. Évitez aussi tout ce que vous pourriez regretter : un symbole tribal, un jeu de mots d'ado, le prénom de votre copine du moment. Et ne vous inventez pas une vie : phrases en langue thaïe, signes maoris ou carpes koï de yakuzas (sauf si vous êtes les trois à la fois, ou que vous appréciez vraiment l'esthétique ou la pleine profondeur du sens).

Si c'est un projet de fond

Réfléchissez-y, faites des recherches sur Internet pour vous donner de l'inspiration (sur les styles de tatouage, mais aussi sur le graphisme et l'art en général). Et quand vous tenez quelque chose, laissez-vous un mois ou deux de réflexion pour voir si votre idée tient toujours la route (voire s'affine encore entre-temps). Ensuite, choisissez un vrai artiste tatoueur en fonction de son style (quelqu'un qui dessine ce qu'il tatoue, et non un exécutant qui décalque à l'aiguille le dessin que vous lui aurez apporté). À ce propos, veillez à préserver une marge de liberté et d'interprétation pour le tatoueur : c'est un artiste, et c'est en cette qualité que vous le sollicitez, alors ne soyez pas trop directif.

TATOUAGE
et style vestimentaire

Vous faire tatouer peut donner une autre dimension à votre image. Dans le cas d'un physique longiligne, le tatouage permet de diriger le regard ailleurs que vers la minceur de la silhouette (même chose pour l'embonpoint). C'est donc une astuce qui peut être utile pour des physiques qui sortent un peu des sentiers battus (mais cela ne doit pas être la seule raison).

Le tatouage est aussi une excellente opportunité pour donner du contraste à un look. Par exemple, si vous avez une tenue très propre, il apportera une touche plus virile et plus décontractée à l'ensemble (mais prenez tout de même en compte la perception de votre milieu social et professionnel face à quelque chose qui serait trop visible).

Voici des tatouages monochromes, techniquement assez simples, mais pourtant très personnels, alliant pentacles stylisés et textes d'Edgar Allan Poe.

TATOUÉ OUI, MAIS AVEC STYLE !

Bien entendu, le tatouage fait mal. La douleur survient en particulier là où la peau est fine (dessous des bras, flancs) et où les os sont saillants (côtes, coudes, clavicules). Mais avec un peu de musique et un tatoueur sympa qui a des choses à raconter, c'est tout à fait surmontable.

LE MOMENT du tatouage

De vrais professionnels du tatouage seront également les plus à même de vous conseiller sur l'hygiène et l'entretien. Fuyez sans hésiter toute personne qui ne respecterait pas les règles suivantes.

À vérifier

• Vérifiez que l'endroit est propre et bien tenu. La configuration des lieux offre-t-elle au tatoueur la possibilité de se consacrer à son seul travail sur votre peau, ou allez-vous être dérangés toutes les cinq minutes par quelqu'un qui entre dans la boutique ?

• L'artiste tatoueur se lave-t-il bien les mains ? Désinfecte-t-il votre peau avant de la tatouer ? Porte-t-il des gants ?

• Les instruments ont-ils été stérilisés ? Les aiguilles (à usage unique) sont-elles neuves ?

Ces tatouages en *all over* reprennent des motifs de ronce et de cornes, à travers des influences polynésiennes marquées (la tatoueuse y a vécu).

CICATRISATION
et entretien

Après le tatouage, le tatoueur enlève les résidus d'encre et désinfecte votre peau. Il la recouvre ensuite d'un film plastique. À votre tour maintenant de faire attention à ne pas gâcher le chef-d'œuvre.

- Gardez le film plastique en place pendant 24 heures.
- Puis lavez-vous bien, avec du savon à pH neutre, sans frotter la peau. Tamponnez avec du papier absorbant pour sécher la zone.
- Appliquez ensuite de la crème cicatrisante (Biafine) matin et soir pendant trois jours, puis une fois par jour pendant sept jours. N'en mettez pas trop pour ne pas faire suinter l'encre aux dépens de la précision du trait : juste ce que votre peau peut absorber.
- Pendant toute la durée de la cicatrisation (dix jours), ne faites pas de sport, ne grattez pas, évitez les frottements, ne vous exposez pas au soleil.
- Gardez en tête qu'il faudra toujours éviter les bains de soleil prolongés pendant un certain temps et bien mettre de la crème solaire à la moindre exposition.

Un tatoueur de talent sait traiter d'autres styles que le sien, si le projet l'intéresse. Comme avec cette déesse à plumes, aux influences antiques et art déco.

QUEL BUDGET
pour un tatouage

Un tatouage de vacances coûte moins de 100 €. Mais si votre projet est sérieux, n'hésitez pas à investir sur le tatoueur de vos rêves (après l'avoir rencontré pour vérifier que l'idée l'emballe un minimum). Si se faire tatouer le biceps coûte quelques bonnes centaines d'euros, un projet d'envergure comme un bras entier peut atteindre les 4000 €. C'est cher, mais c'est quelque chose qui doit vous plaire pour les prochaines décennies. Alors faites le bien… ou ne le faites pas.

À LA TERRASSE AVEC...

Lucas et Séverin Bonnichon de Cuisse de Grenouille

Quels conseils donneriez-vous à un homme qui n'a pas d'idées pour s'habiller l'été ?
Il ne faut pas chercher le style pour le style, il faut s'habiller simplement, de manière légère, pour se sentir à l'aise. Ce n'est pas la peine de se poser trop de questions. Si vous avez trop chaud, retirez vos chaussettes, portez une paire de chaussures légères, retroussez le bas de votre chino. Et ne mettez pas trop de couleurs, il faut privilégier les couleurs pastel.

Et vous, comment vous habillez-vous en été ?
Lucas : Je m'habille le moins possible. La plupart du temps en maillot de bain quand je suis au bord de la mer, sinon je porte un chino, une chemise légère.
Séverin : Quand je suis à Paris, je suis en tee-shirt et chino Cuisse de Grenouille. En vacances, comme Lucas, en maillot le plus possible.

Quelles pièces emportez-vous absolument dans votre valise ?
- Le maillot de bain Cuisse de Grenouille qui nous accompagne partout.
- Le couteau suisse iPhone.
- Une paire de lunettes de soleil.

Quelle tenue pour...
- Une balade en bord de mer ? Un chino bleu ciel, une paire de Vans blanche, une chemise oxford pour le côté chic et un sweat-shirt Surf in Paris s'il fait un peu froid.
- Un rendez-vous amoureux en vacances ? Toujours des Vans, un chino et notre chemise avec des motifs à vagues.
- Une bonne soirée entre amis ? Un jean brut, un tee-shirt et une chemise en denim ouverte par-dessus.

Où partez-vous en vacances ?
Là où l'on peut surfer ! À l'étranger de préférence, au Mexique, au Sri Lanka, aux Maldives. En France, c'est plutôt la côte Basque ou la Bretagne. On essaie de partir en vacances ensemble pour pouvoir surfer ensemble.

Quel est votre meilleur souvenir de vacances ?
On était aux Maldives pour un surf trip sur un bateau qui allait de vague en vague, et c'était magique. Les conditions étaient idéales, il faisait beau, chaud et, lorsque l'on mettait la tête dans l'eau, c'était un véritable aquarium. Et les vagues étaient parfaites.

Qu'est-ce que vous aimez déguster quand vous êtes en vacances ?
Nous, c'est le barbecue, sans hésitation ! De grosses pièces de viande, du poisson grillé pêché le jour même, des pommes de terre dans le feu, mais aussi des fruits de mer. Beaucoup de fruits exotiques également, papaye, fruit de la passion, pastèque.
Séverin : Pour ma part, je n'aime pas les cocktails sucrés, je suis plus cocktails fumés type Negroni.
Lucas : Moi, je préfère les cocktails fruités et frais.

surf in
paris.

LES INDISPENSABLES DE L'ÉTÉ D'APRÈS…

Lucas et Séverin Bonnichon de Cuisse de Grenouille

1. Boardshort Cuisse de Grenouille (à ne surtout pas oublier !)
2. Au moins un sweat Surf in Paris
3. *Monocle Mediterraneo* (édition d'été)
4. Une paire de lunettes See Concept (LetMeSee solaires) : pour 30 €, on peut en avoir de toutes les couleurs
5. *36 hours*, un livre avec plein d'idées de week-ends en Europe
6. Une bougie parfumée Cuisse de Grenouille
7. Un bracelet Chanael K

MAIS AUSSI…

8. Une planche de surf
9. Une playlist de notre copain Guillaume Cadot (de la marque Cadot), *Happy* de Pharrell Williams

Le tee-shirt est très bien coupé : la couture tombe à la perfection sur l'épaule.
Le tee-shirt a un motif totalement estival (c'est le logo de la marque). Ce serait dommage de s'en priver !
Voilà à quoi doit ressembler un beau jean délavé : de subtiles nuances d'indigo, de sable et de turquoise.

LES DEUX FONT LA PAIRE

Associez chaque pièce
à sa définition !

Solution

1-H / 2-E / 3-I / 4-D / 5-M / 6-G / 7-L
8-A / 9-N / 10-K / 11-J / 12-C / 13-B / 14-F

1. C'est une très belle matière, mais inconfortable en été
2. Quand on le porte, on ne doit jamais boutonner le dernier bouton du bas
3. De manière générale, quand on porte ce vêtement de façon décontractée, on ne doit pas boutonner le premier bouton du haut
4. Elle protège de la fraîcheur des soirées et passe beaucoup mieux en machine que son homologue d'hiver
5. Type de chaussures polyvalent en vacances, autant dans une tenue décontractée que dans une tenue plus habillée
6. Un indispensable de l'été du fait de son mélange décontracté et élégant
7. C'est la meilleure alternative au jean en été
8. Type de chaussures à emporter en vacances uniquement si vous comptez sortir dans des endroits chics
9. Vêtement indispensable dont vous allez devoir porter un exemplaire différent chaque jour
10. Vous ne pouvez pas fermer votre valise sans en emporter une
11. Matière sous-estimée en été, mais comportant pourtant de solides propriétés thermorégulatrices
12. Vêtement qui fait partie des faux amis de l'été
13. Type de chaussures beaucoup plus polyvalent qu'on ne le pense
14. C'est quelque chose d'apprécié en été pour sa légèreté, mais qui perd ses propriétés respirantes en cas d'humidité trop importante

- A Bottines
- B Espadrilles
- C Pantalon blanc
- D Maille d'été en coton
- E Blazer
- F Lin
- G Chemise en oxford
- H Toile de jean selvedge
- I Chemise casual
- J Flanelle de laine légère
- K Paire de lunettes de soleil
- L Chino
- M Sneakers basses
- N Tee-shirt basique qui passe sans problème en machine

ALLER PLUS LOIN SUR LE CHEMIN DU STYLE ESTIVAL

CUISSE DE GRENOUILLE
CLARINS
skeen
GEL LAVANT
PURIFIANT

Chapitre 1

STYLÉ EN TOUTES OCCASIONS

UN MARIAGE

Le mariage en été a ceci de très pratique que, paradoxalement, un costume bien choisi est parfaitement adapté au climat.

En effet, n'oubliez pas qu'une flanelle de laine assez fine est un excellent régulateur thermique. Et dans la journée, comme vous bougerez assez peu, vous n'allez quasiment pas transpirer (à moins de rester en plein soleil pendant longtemps). Entre la fraîcheur éventuelle de l'église et la douce température de la soirée qui arrive, vous serez très à l'aise en costume. Au niveau des couleurs, n'ayez pas peur des gris clairs ou des bleus plus travaillés que le bleu marine. Pour la chemise, restez simple : prenez du blanc, et égayez l'ensemble avec une cravate tricotée (accessoire largement sous-estimé).

Une veste de smoking très élégante est idéale pour un mariage.

UN RENDEZ-VOUS GALANT

Comment s'habiller pour aller dîner dans un restaurant en bord de mer en compagnie de cette charmante Danoise rencontrée la veille ?

La clé est d'afficher un mélange d'élégance et de décontraction. La chemise en oxford ou le chino de créateur sont par exemple deux pièces à sérieusement considérer. Pour les chaussures, cela peut être le moment de sortir votre jolie paire de bottines ou de sneakers basses. Les espadrilles sont aussi un bon moyen d'introduire instantanément de la décontraction dans votre tenue. En tout cas, n'ayez jamais un look trop sérieux ou austère, vous êtes en vacances que diable !

Le col officier et la pochette colorée contrastent avec la simplicité de la veste, pour un style élégant avec une pointe de décontraction.

UN PIQUE-NIQUE

Pour le pique-nique, orientez-vous vers les vêtements les plus confortables que vous ayez.

En effet, vous serez sûrement installé dans des positions pas très naturelles pour vos vêtements : en tailleur, à moitié allongé dans l'herbe, etc. Or, un jean fitté, qui compresse le ventre dans ce type de postures, est très désagréable. Vous devez donc porter des vêtements qui vous laissent une liberté de mouvements. Attention également aux pantalons trop clairs, qui se saliront trop facilement dans l'herbe !

Pour une soirée entre amis, une chemise par-dessus un tee-shirt permet de s'adapter à la température de différents lieux.

UNE SOIRÉE ENTRE COPAINS

Une soirée entre amis, on ne sait jamais comment cela finit ! Il y a donc plusieurs éléments à prendre en compte…

- Mettez une chemise, car vous devez être prêt à sortir en ville ou en club sur un coup de tête. Si vous êtes frileux, le tee-shirt porté sous la chemise en chambray est une valeur sûre.
- Pensez à mettre un jean ou un pantalon avec des poches qui gardent bien leur contenu, car quand on fait la fête, on ne remarque pas forcément que nos clés sont tombées de notre chino aux poches pas assez profondes.
- Surtout, prenez des chaussures confortables, idéalement des sneakers basses. Vous allez peut-être devoir rentrer à pied ou décider de prendre un bain de minuit, choses impossibles à faire avec une paire de bottines fines et fragiles.

UN BARBECUE

Si vous faites un barbecue, pensez à prendre des vêtements qui se lavent sans problème en machine.

En effet, l'odeur de viande grillée s'accroche facilement aux vêtements, ce n'est donc pas le moment de porter votre jean selvedge que vous lavez une fois tous les six mois, ni votre jolie veste ! Portez un tee-shirt ou une chemise casual, ainsi qu'un chino, que vous laverez en machine au plus vite. Et qui ne craignent pas les taches de sauce béarnaise !

LES ACCESSOIRES : LA TOUCHE FINALE À VOTRE STYLE

LES LUNETTES DE SOLEIL

Comment sortir l'été sans lunettes de soleil ? Elles sont tout bonnement indispensables, vous ne pouvez pas faire l'impasse dessus ! D'autant plus que si votre tenue n'est composée que d'un simple tee-shirt et d'un chino, une belle paire de solaires l'étoffera très facilement.

Cependant, deux problèmes majeurs se posent pour choisir une belle paire :

- Vous êtes obligé d'y mettre le prix si vous voulez quelque chose de travaillé. Les premiers prix commencent aux alentours de 140 € avec des marques comme Persol ou Randolph Engineering. En outre, les solaires des grandes maisons sont certes jolies, mais elles affichent un prix totalement déconnecté de la qualité : il n'est pas rare d'y trouver du plastique quand il devrait y avoir de l'acétate.

- Si vous êtes du genre à perdre vos solaires chaque été, vous ne pouvez pas vous permettre de mettre 300 € dans une paire !

Si vous vous sentez concerné par le second cas et que vous voulez une paire stylée à moindre coût, en dehors des grandes enseignes de prêt-à-porter d'entrée de gamme, le choix est plutôt réduit. Le design y est correct, cela ne durera qu'un été, mais au moins vous ne serez pas trop déçu quand un ami s'assoira dessus par mégarde. En revanche, pour ce prix-là, vous n'aurez que du plastique fragile, des branches qui vont vite avoir du jeu et, plus globalement, une paire qui peut être inconfortable sur le nez…

SÉLECTION LUNETTES

BUDGET MINIMUM
Surplus militaires, H&M, Zara

DE 100 À 200 €
Jimmy Fairly, Persol, Randolph Engineering, Moscot, Epos, Retrosuperfuture, Hally & Son

AUTOUR DE 300 €
Garrett Leight, Mykita, Hapter, Oliver Peoples, Barton Perreira, L.G.R, Illesteva, Cutler and Gross

BUDGET ILLIMITÉ
Dita, Lancier, John Dalia

— *Choisir la bonne paire*

Il n'y a pas de secrets, il va falloir essayer au moins une bonne dizaine de paires (voire une vingtaine) si vous n'avez aucune idée de ce qui vous va. Concentrez majoritairement vos essais sur des paires à plus de 250 €, aux formes plus abouties, et variez les marques. Cela vous permettra d'avoir une idée du type de paire qui tombe bien sur votre visage. Ne commettez surtout pas l'erreur de limiter vos essayages à de l'entrée de gamme, où les jolies formes se font plus rares.

Retenez que les branches ne doivent pas comprimer vos tempes, que vos sourcils doivent être couverts par les lunettes et que ces dernières doivent être un minimum proportionnelles à votre visage. Si vous avez un visage très fin, ne misez pas sur des solaires larges type Aviator !

LES BRACELETS

L'été est la période la plus propice pour porter un petit bracelet. C'est un accessoire décontracté, qui viendra spontanément habiller une tenue toute simple. Son but est d'introduire une touche inattendue dans votre style.

C'est pour cette raison que vous ne devez pas avoir peur de vous pencher sur des bracelets aux couleurs, aux matériaux et aux textures variés. Évitez les bracelets dorés et trop lisses, qui n'ont pas grand-chose à faire dans un style estival.

Si vous partez dans un pays exotique, essayez de regarder le travail des artisans locaux. En plus de ramener un souvenir de votre voyage, vous aurez alors une pièce unique.

LES CEINTURES

L'été est le moment idéal pour sortir vos ceintures tressées et colorées ! À l'instar des bracelets, il faut vraiment éviter les ceintures d'aspect trop propre, trop formel ou trop lisse. Jouez sur des choses plus fines, plus viriles ou plus colorées.

Surtout, ne vous compliquez pas la tâche en vous demandant pendant des heures si vous faites une erreur en mettant une ceinture colorée ou qui n'est pas assortie avec vos chaussures. C'est justement cela qui va donner un côté naturel et spontané à votre tenue. En effet, une ceinture de la même couleur que celle de vos chaussures peut paraître un choix trop artificiel.

SÉLECTION BRACELETS

PETIT BUDGET

H&M, Zara, Asos, Kiel James Patrick

BUDGET MOYEN

When I Was Seven7een, Vim Beget, Catherine Michiels, Miansai, Tanner Goods, Gilbert Gilbert

BUDGET ÉLEVÉ

Tamara Akcay, Tateossian, Goti, Vanessa.Dee

SÉLECTION CEINTURES

PETIT BUDGET

Surplus militaires, COS, Belt 52

BUDGET MOYEN

When I Was Seven7een, Naked & Famous, Bleu de Chauffe, Losco (si vous habitez Paris), Tanner Goods

N'ayez pas peur des ceintures colorées, elles ajoutent une touche originale mais discrète à une tenue composée de couleurs neutres.

Le bracelet en cuir permet d'accessoiriser très facilement une tenue, de manière discrète mais masculine.

Ce type de bracelet de montre se nomme bracelet NATO. Pensez-y car il en existe dans de nombreuses couleurs, et il est robuste.

La marque When I Was Seven7een propose un étui à lunettes original et extrêmement pratique, afin de bien protéger vos verres.

LES ÉCHARPES D'ÉTÉ

Les écharpes d'été bien légères sont vos amies : vous en trouverez un peu partout, y compris (et surtout) au rayon femme des enseignes de prêt-à-porter. Elles peuvent être utiles lors des soirées fraîches ou sur un bord de mer venteux.

On en trouve à peu près partout et dans toutes les gammes de prix, de 15 € (H&M) à plus de 250 € (Faliero Sarti). L'idéal est de choisir un bon rapport qualité / prix.

L'inconvénient de l'écharpe d'été est qu'elle doit être réalisée dans une matière légère, c'est-à-dire une matière très agréable à porter, assez fluide, peu épaisse et qui ne supporte pas le cheap. Cette légèreté peut se révéler fragile, il va donc falloir lui porter un minimum d'attention quand vous l'aurez sur vous.

— *Matières*

N'ayez pas peur des tissages d'aspect un peu brut, car une écharpe légère à l'apparence trop propre et trop lisse fait assez féminin. Osez le côté aventurier ou baroudeur d'une telle écharpe, cela pourra s'insérer très facilement dans n'importe quelle tenue, même la plus habillée.

Si vous souhaitez aller vers du haut de gamme, cherchez du voile de cachemire ou de soie (le tissage se fait sur une seule maille, ce qui rend les écharpes très fines, très belles et extrêmement agréables à porter). Ce sont cependant des matières assez chères (rien en dessous de 140 €) et fragiles. Pensez aussi au pashmina, un cachemire très noble et très doux, que vous pourrez vous procurer si vous voyagez en Inde.

SÉLECTION ÉCHARPES

BUDGET MINIMUM

Zara, Asos, COS, John Smedley, Monoprix

BUDGET MOYEN

Meilleur Ami, Commune de Paris, Krama Heritage

BUDGET ÉLEVÉ

Ly Adams, Faliero Sarti

Le pashmina est un cachemire haut de gamme léger et doux, parfait pour les soirées d'été un peu fraîches.

LE SOLEIL N'AURA PAS VOTRE PEAU !

LES BONNES HABITUDES À NE PAS OUBLIER EN VACANCES

Ce n'est pas parce que vous êtes en vacances qu'il faut mettre de côté vos bonnes habitudes. Petit rappel : dès le réveil, l'important est de vous nettoyer le visage. Utilisez si possible un savon à pH neutre. Attention à ne pas fragiliser votre peau avant une journée de soleil, évitez les gommages de bon matin. Après le rasage, n'agressez pas votre peau avec des solutions alcoolisées, hydratez-la simplement.

PROTÉGEZ VOTRE PEAU DU SOLEIL

N'oubliez pas qu'il suffit de 15 minutes d'exposition pour avoir un bon coup de soleil !

Lorsque vous allez dehors, si vous êtes en ville ou à la campagne, vous pouvez simplement hydrater ou appliquer une crème solaire basse protection, selon votre sensibilité face au soleil. En montagne ou à la plage, optez pour une protection plus forte, car le soleil sera sans pitié avec vous, même si vous n'avez pas l'impression d'avoir chaud. Si vous restez immobile, comme lors d'une séance bronzette sur la plage, appliquez une crème avec un indice plus élevé.

En rentrant de vacances, pensez à bien nettoyer votre peau, car le sel et le chlore bouchent les pores.

EN CAS DE COUP DE SOLEIL

Appliquez une bonne couche de Biafine et laissez la peau l'absorber. Les jours suivants, ne vous exposez pas au soleil, cela peut être dangereux et franchement douloureux. Hydratez le plus souvent possible à l'aide d'un lait pour le corps. Forcez l'hydratation jusqu'à deux semaines après vos vacances. À la rentrée, faites un gommage pour enlever l'excès de peaux mortes (attendez une bonne semaine après la dernière exposition).

Votre peau est votre premier vêtement, vous devez donc tout faire pour en prendre soin le mieux possible.

UN ÉTÉ LES CHEVEUX AU VENT

LES CHEVEUX ET LA PLAGE

Le soleil est bon pour vos cheveux : il leur donne de jolis reflets et active la production de vitamine D. Mais attention aux excès : trop de soleil dessèche l'épiderme et provoque des pellicules. Pour se protéger du soleil, il n'y a pas de recette miracle, pensez à votre grand-mère qui vous criait : "Mets ta casquette!" Quant au chlore, il peut ternir la couleur de votre chevelure.

Si vous avez les cheveux gras, un bain d'eau de mer vous fera un bien fou. Mettez la tête sous l'eau et massez-vous le cuir chevelu. Si vous avez les cheveux secs, utilisez des après-shampooings type Aesop ou American Crew, adaptés aux cheveux masculins. Si vous manquez à vos soins durant l'été, les chutes de cheveux seront plus importantes à l'automne.

Il existe des huiles capillaires anti-UV, qui permettent de redonner du soyeux et de la douceur à vos cheveux. À utiliser avant ou après la baignade.

POUR VOUS COIFFER

En ce qui concerne votre style, rien ne vous oblige à vous raser la tête! Contentez-vous d'alléger votre tignasse et de l'adapter à vos activités (piscine, plage, sport...). Le gel est à proscrire, été comme hiver. Si vous pouvez vous coiffer sans produit, faites-le, si vous n'y arrivez pas, choisissez une cire mate avec rendu naturel. N'oubliez pas que les cheveux sont comme un vêtement : il est indispensable d'en prendre soin et de les coiffer, même en été! Et attention à l'excès de zèle : inutile de les laver plus d'une fois tous les deux jours.

N'hésitez pas à utiliser un peu de cire ou d'argile pour structurer discrètement votre coiffure, cela vous permettra d'éviter le gel.

Si vos cheveux vous le permettent, un effet décoiffé donne une coiffure naturelle et spontanée, parfaitement adaptée à la saison.

TENDANCES ESTIVALES

À présent, vous n'avez aucun mal à adapter votre tenue aux circonstances et à choisir la bonne matière, la bonne épaisseur, la bonne couleur et le bon style. Mais comment aller encore plus loin ? Nous vous proposons ici trois pistes, s'inspirant des modes du moment. Même si nous sommes loin de prôner un asservissement à la tendance, quelques éléments méritent que l'on se penche un peu dessus.

LES RUNNINGS COLORÉES

Après la mode des sneakers haut de gamme, ce sont les runnings qui font leur retour en force, comme des modèles emblématiques de chez New Balance ou la Nike Lunar Flyknit à la légèreté très appréciable. Le phénomène a pris une telle ampleur que même les grandes maisons se sont mises à sortir des runnings haut de gamme, Lanvin par exemple.

Les Italiens adorent les mixer dans des tenues élégantes : ils peuvent porter un chino (obligatoirement retroussé à la cheville), une veste légère et une chemise avec leurs vieilles New Balance. Ce parfait mélange entre décontraction et élégance est une piste très intéressante à creuser. Si ce type de chaussures trouve sans problème sa place dans une tenue complètement décontractée, ne sous-estimez pas son rôle dans des styles plus *workwear* ou élégant.

LE STYLE MARIN

Si ce style semble s'imposer de lui-même en bord de mer, attention à ne pas tomber dans la caricature et à rester vigilant sur les coupes. Choisissez une marinière bien coupée, qui se mariera facilement avec un pantalon beige (ou corail pour les plus audacieux). Les chaussures bateaux sont évidemment un incontournable que vous porterez avec des chemises en oxford. Pensez aussi aux accessoires, comme les bracelets avec des ancres, très en vogue depuis quelques étés.

LE LAYERING

C'est une technique qui consiste à porter un vêtement par-dessus un autre, tout en gardant les deux pièces bien visibles. Le layering est sous-estimé, pourtant il permet d'introduire une vraie profondeur à la tenue, en apportant une belle variation de couleurs et de matières. Si vous êtes un peu frileux les soirs d'été, cette technique est faite pour vous. L'assemblage le plus simple consiste à porter un tee-shirt en dessous d'une chemise largement ouverte.

SI LE STYLE MARIN SEMBLE S'IMPOSER DE LUI-MÊME EN BORD DE MER, ATTENTION À NE PAS TOMBER DANS LA CARICATURE.

Les Nike Lunar Flyknit sont des runnings très légères, aérées et disponibles dans de nombreux coloris : parfaites pour l'été !

La combinaison veste / cardigan / chemise est sous-estimée chez les hommes, alors qu'elle donne une vraie profondeur à la tenue.

Nous avons ici quatre exemples de tenues mettant en scène plusieurs utilisations du beige, du bleu et du rouge (le bleu et le rouge s'accordent souvent très bien), mais avec des pièces et des styles différents. Notez le contraste de style entre les runnings et la veste bleue.

MANGER SAIN, OUI, MAIS MANGER BIEN !

Benjamin Dariouch, fondateur de Naturacoach.com, aide les hommes à retrouver santé et énergie via une alimentation saine et gourmande. C'est donc tout naturellement que nous nous sommes tournés vers lui pour connaître les six commandements à suivre en été.

1. Coloré, vous mangerez

L'été est la meilleure saison pour consommer des fruits et légumes frais. Alors, faites le plein de vitamines, notamment pour leurs antioxydants qui protégeront votre peau des agressions du soleil. Pensez particulièrement aux fruits et légumes de couleur orange, riches en bêta-carotène (carotte, patate douce, abricot, melon, etc.).

2. Les sucres, vous éviterez

Si les deux objectifs de vos vacances sont d'avoir de l'énergie pour en profiter toute la journée (et la nuit !) et de conserver votre corps de sportif pour être le plus beau sur la plage, les produits sucrés et raffinés sont vos pires ennemis. Ils vous procureront en effet des pics de glycémie qui vous laisseront sans force, et vous feront grossir, surtout au niveau abdominal.

3. D'amandes, vous vous régalerez

Pour vos longs après-midi à la plage ou vos balades en forêt, plutôt que de grignoter des gâteaux, ayez toujours un sachet d'amandes avec vous. Riches en protéines, en fibres et en bonnes graisses, elles feront un en-cas énergique idéal.

4. Des barbecues sains, vous ferez

Le principal risque de la viande vient de son mode de cuisson. Le barbecue, symbole par excellence des soirées d'été entre amis, où l'on fait noircir les morceaux de viande avec du charbon de bois, entraîne la création de nombreuses molécules toxiques. Pour y remédier, l'idéal est de faire mariner la viande avant la cuisson dans un mélange à base de jus de citron, d'herbes, d'épices et d'aromates. Le barbecue vertical, qui évite le dégagement d'hydrocarbures créé lorsque les graisses tombent sur le charbon, est également une bonne solution.

5. La gueule de bois, vous éviterez

Pour vous réveiller du bon pied après une soirée bien arrosée, quelques conseils s'appliquent. L'alcool entraînant une déshydratation, il faut toujours essayer de boire le même volume d'eau. L'autre effet de l'alcool est une rétention du sodium et une perte de potassium : la solution est de boire, pendant et après votre soirée, de l'eau de coco, riche en potassium. Enfin, il est vital de manger, avant et pendant la prise d'alcool, des aliments comportant peu de graisses. Le lendemain, thé vert et gingembre seront vos meilleurs alliés.

6. Curieux et local, vous serez

Vous n'avez pas parcouru des milliers de kilomètres pour aller manger au fast-food du coin ! Le meilleur moyen de passer de très bonnes vacances est de manger des produits frais et locaux ainsi que de découvrir la cuisine et les spécialités du coin. Faites les marchés, allez à la rencontre des petits producteurs et soyez curieux de découvrir de nouvelles saveurs.

BROWNIE GOURMAND

Sans gluten

INGRÉDIENTS POUR 8 PERSONNES

Temps de préparation : 40 min
Temps de cuisson : 25 min

- 170 g d'amandes émondées (sans la peau)
- 1/4 de c. à café de sel
- 1/4 de c. à café de bicarbonate de sodium (ou de poudre à lever)
- 120 g de chocolat noir
- 12 dattes
- 3 œufs
- 13 cl d'huile d'olive (au goût neutre)
- 1 c. à soupe de sirop d'érable (ou de miel)
- 1 pincée de vanille en poudre

1. Faire tremper les dattes dans un bol d'eau froide pendant 30 min pour les ramollir.

2. Réduire les amandes en poudre au mixeur. Vous pouvez aussi utiliser directement de la poudre d'amandes.

3. Ajouter dans le bol du mixeur le sel et le bicarbonate. Mixer 5 sec.

4. Ajouter le chocolat noir et mixer jusqu'à obtenir une consistance sableuse.

5. Ajouter les dattes égouttées et dénoyautées. Mixer. Ajouter les œufs. Mixer encore. Puis ajouter l'huile, le sirop et la vanille. Mixer jusqu'à obtenir un mélange homogène.

6. Verser dans un plat carré de 20 cm de côté préalablement huilé (ou tapissé de papier sulfurisé). Bien étaler avec une spatule. Enfourner à 180 °C (th. 6) pendant 23 à 25 min, en testant avec la pointe d'un couteau en fin de cuisson.

7. Laisser reposer au réfrigérateur pendant au moins 2 h.

À LA TERRASSE AVEC…

Guillaume Declair de Merci Alfred

Quels conseils donnerais-tu à un homme qui n'a pas d'idées pour s'habiller l'été ?

- La base, c'est de s'habiller clair, car on voit encore aujourd'hui des hommes qui mettent des vêtements trop foncés, ce n'est jamais agréable.
- Ranger ses jeans en toile japonaise et les mettre sous clé !
- Investir dans une belle paire de lunettes de soleil. Persol, c'est efficace.

Et toi, comment t'habilles-tu en été ?

En chemise tout simplement, avec les manches retroussées. Et je possède toute une panoplie de chinos : bleu, gris, beige…

Quelles pièces emportes-tu absolument dans ta valise ?

- Cinq gros bouquins, des essais plutôt que des romans.
- Le kit de l'aventurier (chaussettes, caleçons et tee-shirts).

Quelle tenue pour…

- Une balade en bord de mer ? Un bermuda bleu, une chemise en chambray et des chaussures bateaux.
- Un rendez-vous amoureux en vacances ? Un chino, une chemise en chambray et une belle paire de Persol.
- Une bonne soirée entre amis ? Simplement un tee-shirt avec un chino bleu.

Où pars-tu en vacances ?

J'essaie toujours de traverser un océan durant l'été (rires). Je pars un peu partout : en Amérique du Sud, en Asie, que j'ai parcourue de long en large, car avant de m'occuper du site Merci Alfred, j'ai fait un tour du monde à moto. Je suis parti de Singapour pour rejoindre Paris en parcourant 20 000 km à travers 20 pays.

Quel est ton meilleur souvenir de vacances ?

C'est justement durant ce voyage à moto. On est passé du Cambodge au Laos en essayant de couper à travers le pays. La route est devenue un chemin de terre, le chemin de terre est devenu une jungle. On n'a pas eu de nourriture durant trois jours, on mangeait les pastèques que l'on trouvait dans les champs. Mais la beauté du Mékong en valait la peine, cela a été un grand soulagement de le voir pointer le bout de son nez. Les meilleurs souvenirs de vacances sont souvent les moments les plus durs !

Qu'est-ce que tu aimes déguster quand tu es en vacances ?

J'ai tendance à dire que le mojito est à bannir l'hiver, mais que l'été, il faut y aller à fond ! Sinon, j'apprécie beaucoup la cuisine méditerranéenne, et quand je cuisine, j'aime préparer par exemple des petits poivrons marinés, cela marche toujours.

LES INDISPENSABLES DE L'ÉTÉ D'APRÈS...

Guillaume Declair de Merci Alfred

1. Ne jamais prendre son téléphone
2. Une paire de Persol
3. Un polo
4. Une paire d'espadrilles
5. Un couteau de survie
6. Le livre *Bear Grylls, né pour survivre : Le guide de la survie extrême*
7. Dior Homme Sport

MAIS AUSSI...

8. Une chemise blanche
9. Un bermuda
10. Une ceinture tressée
11. Un short de bain Cuisse de Grenouille

LE STYLE EN 3 LEÇONS

1 - CHOISIR LA COUPE QUI VOUS VA

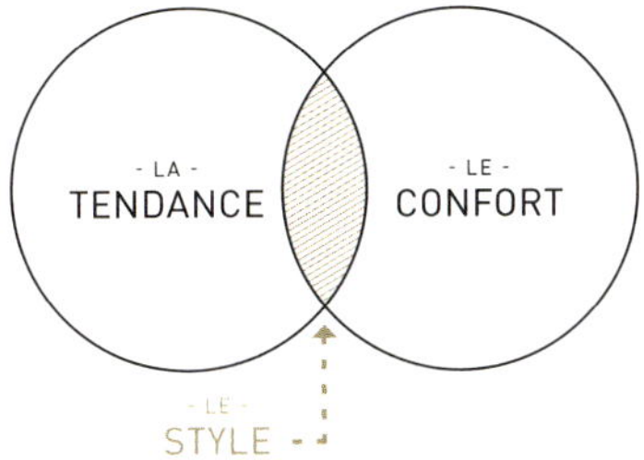

2 - CONNAÎTRE SES CLASSIQUES

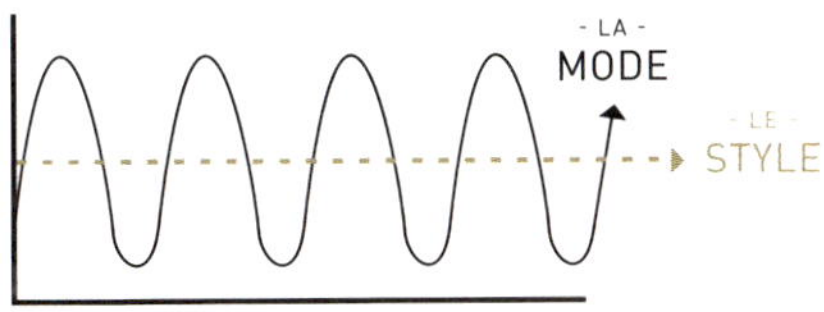

3 - PASSER LE TEMPS QU'IL FAUT DEVANT SA GLACE

L'HOROSCOPE DU STYLE

BÉLIER

Vous êtes un fonceur : vous agissez avant de réfléchir et ne résistez pas aux "coups de cœur" en boutique. Malgré un instinct hors du commun, vous regrettez certains achats. L'été, vous n'hésitez pas à arborer des pièces fortes pour mieux mettre en valeur vos basiques.

TAUREAU

Pour vous, le style n'est pas une affaire compliquée. Vous aimez les traditions et les vêtements virils et robustes. Cet été, vous vous tournez plutôt vers du *workwear* : vous coupez du bois avec votre chemise en flanelle fine à carreaux ! Imperturbable, vous vous moquez d'avoir chaud dans vos bottes Heschung et votre jean brut.

GÉMEAUX

Tel un caméléon, vous savez vous adapter à toutes les situations pour mieux vous fondre dans votre environnement. Agile dans le mimétisme, vous avez toujours LE vêtement adapté à la situation. Seul problème : votre valise est pleine à craquer de vêtements que vous ne portez pas souvent en vacances.

CANCER

La vie de famille est faite pour vous. Vous êtes un conservateur. On vous voit déjà sur le sable, pantalon en lin et chemise ouverte. Vous êtes toujours propre sur vous et l'élégance ne vous quitte jamais, même après une journée passée à gambader sur la plage. Hors de question pour vous de porter un tee-shirt !

LION

Vous savez vous mettre en valeur. Vous n'hésitez pas à aller vers des tenues clinquantes assorties d'accessoires forts. Les vestes de smoking, les lunettes de soleil dorées, les pantalons blancs ou les belles montres sont des pièces que vous aimez porter. Attention cependant aux excès !

VIERGE

Méthodique et inflexible, vous vous tournez vers un style preppy : chinos colorés, chemises oxford dans le pantalon, souliers légers... Lorsque vous achetez des vêtements, vous faites bien attention à leur qualité et à leur coupe. Vous aimez aussi vous faire plaisir en arborant une cravate tricotée ou un nœud papillon.

BALANCE

Vous évitez tout conflit vestimentaire : votre priorité est en effet de rester irréprochable en société. Vous portez des basiques de couleurs simples. Votre œil affûté vous permet d'assembler avec brio les couleurs, et votre instinct vous aide à jouer sur les matières intelligemment, au sein de tenues très sages.

SCORPION

Ferme et déterminé, vous êtes persuadé que le port du bonnet n'est pas prohibé les soirs d'été. En effet, vous considérez le couvre-chef comme un accessoire indispensable. Votre style est street et porter des sneakers de running ne vous effraie pas : vous assemblez donc facilement votre chino avec une paire de New Balance !

SAGITTAIRE

Vous aimez voyager, c'est pour cela que vous vous habillez avec des pièces achetées lors de vos périples : bonnets péruviens, chinos thaïlandais trop courts, chemises à fleurs hawaïennes, chaussures italiennes… Rien ne vous arrête ! Vous n'hésitez pas à porter des pièces qui n'ont rien à voir entre elles et, paradoxalement, votre silhouette générale reste cohérente.

CAPRICORNE

Calme et droit, vous ne prenez rien à la légère. C'est pourquoi, l'été, vous aimez porter des blazers en coton piqué. Votre flegme vous permet d'arborer des lunettes vintage sans prendre de risque. Vous prenez également grand soin de votre chevelure d'Apollon et portez une barbe de trois jours de manière faussement négligée.

VERSEAU

Vous avez un tempérament calme, vous n'êtes pas exubérant et vous détestez les couleurs trop flashy. La mode scandinave vous va comme un gant. Évidemment, vous boutonnez votre chemise jusqu'en haut ! Votre style se veut discret mais irréprochable et vous ne vous interdisez pas d'introduire de temps en temps une pièce forte dans votre tenue.

POISSONS

Le renouveau est votre tasse de thé. Vous changez de tenue constamment : parfois même trois fois dans la même journée ! En été, vous voulez être à la pointe du style : aucune tendance ne vous échappe et vous vous investissez beaucoup pour dénicher les nouvelles perles et rester au top. Attention cependant à ne pas trop dépenser durant vos vacances !

CRÉDITS

PHOTOGRAPHES

Toutes les images © BonneGueule. **Sauf:**
© Chloé Gassian : p. 9, 29, 43, 75
© Elliot Broué : p. 25
© Simon Wahl : p. 31
© Christelle Doyelle : p. 35 (en haut), 58
© Baptiste Guyot : p. 35 (en bas)
© Marie-Élodie Fallourd : p. 39
© Fotolia / inurbanspace : p. 56
© Irène Sellier : p. 62
© Mehdi Sefrioui : p. 71
© Sébastien Augereau : p. 85 (quatre photos du bas)
© Benjamin Dariouch : p. 87

MANNEQUINS

Nous créditons ici leur première apparition.
P. 11 : Luca Mariapragasam
P. 13 : Benoit Wojtenka
P. 23 : Benoit Carpentier
P. 25 : Nicolas Bertolet
P. 30 : Maël Ramjanaly
P. 37, à gauche : Georges Som
P. 37, à droite : Carol Sossou
P. 39 : Edem Dossou
P. 45, à droite : Alexandre Nechi
P. 51 : Florian Deveaux
P. 57 : Alexandre Franza
P. 61 : Rafik Senouci
P. 63 : Nicolas Richard
P. 69, en haut : Lucas et Séverin Bonnichon
P. 71 : Benoit Heraud
P. 76, à droite : Sélim Niederhoffer
P. 77 : Abdou Bouroubi
P. 85, en bas : Samy Senadhji
P. 89 : Guillaume Declair

TATOUAGES

P. 65 : Vianney Postic (dessin) et Charlie Lacroix (tatouage)
P. 66 : Julien Beluche (conception) et Florence Amblard (dessin et tatouage)
P. 67 : Geoffrey Bruyère (conception) et Florence Amblard (dessin et tatouage)

LIEUX

P. 31 : boutique Tate + Yoko à Montréal
P. 69, en bas : boutique Cuisse de Grenouille à Paris

MARQUES

P. 9 : chino Knowledge Cotton Apparel, chemise Melinda Gloss, magazines culturels itinérants *I Heart*, espadrilles Paries, tissu Takara
P. 11 : chemise H&M, chino Asos, chaussures Selected
P. 13, à gauche : tee-shirt BonneGueule, pantalon Three Animals, sneakers BGNS-01
P. 13, à droite : veste Husbands
P. 15 : chemise BonneGueule, chino Kitsuné, runnings Nike Lunar Flyknit, ceinture et bracelet When I Was Seven7een
P. 16-17 (de gauche à droite), en haut 1 : tee-shirt Asos, jean Hèdus
en haut 2 : chemise BonneGueule, jean BGFT-01
en haut 3 : cardigan Six&Sept, chemise Schnayderman's, pantalon en velours Zara
en haut 4 : veste Zara, cardigan Suitsupply, chemise de friperie, pantalon The Kooples
en haut 5 : chemise sur mesure thaïlandaise, short de bain Cuisse de Grenouille

en bas 1 : chemise Melinda Gloss, jean BGFT-01, bottines Collection Privée?, bracelet When I Was Seven7een
en bas 2 : chemise Melinda Gloss, chino Marchand Drapier, bracelet When I Was Seven7een
en bas 3 : chino Levi's, chaussures Good Guys
en bas 4 : chemise Melinda Gloss, chino celio « collection rouge », sneakers wings + horns
en bas 5 : jean Melinda Gloss, chaussures Riviera
P. 19, à gauche : veste Zara, chemise Jules, chino Asos, chaussures Doucal's
P. 19, en haut à droite : chemise et chino Dockers
P. 19, au centre à droite : chemise Hast, veste Louis Purple, jean BGR-01, bracelet et ceinture When I Was Seven7een, lunettes Tom Ford
P. 19, en bas à droite : chino Dockers, sneakers Nike x A.P.C.
P. 23 : chemise, gilet et chino Marchand Drapier, montre Rolex
P. 24 : veste de smoking et short Marchand Drapier, tee-shirt Uniqlo, ceintures tressées ramenées d'un voyage au Mexique, tongs Navyboot, bracelets Catherine Michiels, lunettes Persol, crème solaire Clarins
P. 25 : chemisette et pantalon Marchand Drapier, running Asics
P. 29 : chemise Knowledge Cotton Apparel, crayon Faber-Castell, cahiers Papier Tigre, portefeuilles Elastico (Veja), protège-passeport Someone, porte-monnaie à zip Veja, lunettes Persol, marinière de friperie
P. 30 : chemise Ben Sherman, chino Levi's, chaussures Good Guys
P. 33 : pantalon De Fursac, sneakers Lanvin
P. 37, à gauche : polo et jean Hèdus
P. 37, à droite : sweat et jean Hèdus
P. 38 : bermudas, polos, cardigan et blouson Hèdus
P. 39 : chemise, parka et pantalon Hèdus, runnings Pull&Bear
P. 43 : jean Naked & Famous, chemise Hentsch Man, carte de Berlin, sneakers Arcade (Veja), lunettes Persol et leur étui, pailles Monoprix, sac River Island
P. 45, à gauche : polo Hèdus
P. 45, à droite : tee-shirt Saint Paul, pantalon Carhartt, sneakers National Standard, casquette et sac à dos AMI
P. 47 : chemise BonneGueule, jean Hèdus
P. 49 : chemise BGMD, veste BGMG-02, chino DNM Pieces, chaussures Selected, cravate Cavalier Bleu, ceinture When I Was Seven7een
P. 50 : cardigan, tee-shirt et pantalon Hèdus
P. 51 : chemise BGMD, veste BGMG-02, chino DNM Pieces, cravate Cavalier Bleu, ceinture When I Was Seven7een
P. 53 : jean Uniqlo, chaussures Doucal's, montre AG Spalding & Bros
P. 55, en haut : jean Hèdus, sneakers Sawa
P. 55, en bas à gauche : sandales Erotokritos
P. 55, en bas à droite : tongs Navyboot
P. 57 : chemise Melinda Gloss, tee-shirt BonneGueule, chino Carhartt, tongs Navyboot
P. 59 : chemise Zara, chino DNM Pieces, chaussures Flamingos
P. 61 : sweat Commune de Paris, chino COS, chaussures Asos, sac Commune de Paris, lunettes Ray-Ban
P. 63 : chemise sur mesure thaïlandaise, short de bain Cuisse de Grenouille
P. 65 : débardeur American Vintage
P. 66 : tee-shirt American Vintage
P. 67 : tee-shirt BonneGueule
P. 69, en haut : tee-shirt, sweat, chemise et jean Cuisse de Grenouille
P. 70 : short de bain, sweat et bougie parfumée Cuisse de Grenouille, lunettes de soleil See Concept, bracelet Chanael K
P. 71 : tee-shirt et jean Cuisse de Grenouille, runnings Nike
P. 75 : chemise Cuisse de Grenouille, bracelets Catherine Michiels, produit de beauté Skeen +, carnets Papier Tigre, baume après-soleil Clarins, runnings Nike Lunar Flyknit, portefeuille Veja
P. 76, à gauche : veste éclectic, chemise Melinda Gloss
P. 76, à droite : chemise, veste et pochette Les Dandys, lunettes Ray-Ban
P. 77 : chemise Surface To Air, tee-shirt American Apparel, chino Uniqlo, desert boots Opening Ceremony, bracelets modèle Atamé de When I Was Seven7een et Orner
P. 80, en haut à gauche : ceinture When I Was Seven7een
P. 80, en haut à droite : bracelet When I Was Seven7een
P. 80, en bas à gauche : montre Zeno-Watch Basel
P. 80, en bas à droite : étui à lunettes When I Was Seven7een modèle Libellule
P. 81 : écharpe en pashmina ramenée d'Inde
P. 83, en haut : tee-shirt Asos

P. 83, en bas : chemise Homecore, cardigan COS
P. 85, en haut à gauche : jean BonneGueule, runnings Nike Lunar Flyknit
P. 85, en haut à droite : veste Zara, cardigan Suitsupply, chemise de friperie
P. 85, en bas 1 : chemise Naked & Famous, chino Dockers, runnings Nike Lunar Flyknit
P. 85, en bas 2 : chemise Naked & Famous, veste MGBG-02, chino Dockers, runnings Nike Lunar Flyknit, ceinture When I Was Seven7een
P. 85, en bas 3 : marinière de friperie, chino Dockers, espadrille Paries, ceinture When I Was Seven7een
P. 85, en bas 4 : tee-shirt American Vintage, chemise BonneGueule, jean DRKSHDW, tongs Navyboot, ceinture When I Was Seven7een
P. 89 : chemise B. Garbo, jean et ceinture Levi's, montre Michel Herbelin
P. 90 : polo Lacoste, espadrilles TOMS, lunettes Persol, parfum Dior

INFOGRAPHIE

P. 91 : Merci Alfred

REMERCIEMENTS des auteurs

Nos premiers remerciements vont à Benoit Carpentier, fondateur de Marchand Drapier, qui nous a énormément soutenus tout au long de la rédaction de cet ouvrage, et qui s'est beaucoup impliqué. C'est le créateur le plus estival que l'on connaisse, avec des collections d'été aussi élaborées que ses collections d'hiver. Il a été très généreux dans l'aide qu'il nous a apportée, notamment en nous prêtant les fameuses tongs en cuir si élégantes que vous avez pu apercevoir plusieurs fois dans ce livre. C'est aussi l'un des créateurs les plus stylés en été, en plus d'être d'une grande générosité. Il incarne donc à la perfection l'homme stylé… même en tongs !

Nous remercions chaleureusement Luca, qui a pris la majorité des photos du livre et s'est terriblement investi dans les nombreux shootings.

Un grand merci également à notre bande de copains habituelle pour les innombrables coups de main désintéressés : Baptiste, Romain Piquet et Romain Korst, Abdou, Selim, Alexandre, Thavikham, Carol et Georges de la marque Hèdus, William de la marque Six&Sept, Lucas et Séverin de Cuisse de Grenouille, Vianney et Julien pour nous avoir montré leurs beaux tatouages, Guillaume de Merci Alfred, Régis de When I Was Seven7een, qui fabrique toujours des accessoires imprégnés de testostérone.

Merci aussi aux marques que vous avez vues dans ce livre et qui nous ont permis de photographier de beaux vêtements : Marchand Drapier, Cuisse de Grenouille, Melinda Gloss, When I Was Seven7een ou encore National Standard. Un grand merci à Benjamin Dariouch pour sa recette santé stylée.

Merci à nos deux éditrices préférées, Christelle et Céline, pour leur rigueur implacable, mais aussi leur grande ouverture et gentillesse, qui nous poussent continuellement à nous dépasser et à être meilleurs dans ce que l'on fait.

Et que serions-nous sans notre fabuleuse équipe ? On remercie donc Jonathan et Rafik pour avoir joué le jeu des shootings ; Nicolas, qui a dû venir quatre fois en costume pour la photo du mariage ; Alexandre Franza, qui a accepté de renier totalement sa culture streetwear pour s'habiller comme au camping ; Florian qui a prêté ses cheveux ; Kenza, qui a retouché de nombreuses photos et Luca sans S, qui a photographié tout ce beau petit monde, même les week-ends. Vous avez bien mérité vos vacances stylées !

Merci de nous avoir suivis jusque-là, vraiment. Sans lecteurs, sans vous, BonneGueule n'existerait pas. On espère donc très fort que vous serez le plus stylé sur la plage !

REMERCIEMENTS de l'éditeur

Un immense merci à Sébastien Augereau pour sa collaboration !

Et merci à Fotolia pour son coup de pouce stylé !

fotolia